君の声が聴きたい

NHK「君の声が聴きたい」プロジェクト

双葉社

君の声が聴きたい

子どもや若者の幸せを考える

「君の声が聴きたい」は、２０２２年５月にＮＨＫがスタートさせたプロジェクトです。２０２０年のユニセフによる「先進国の子どもの幸福度」の調査における「精神的幸福度」が38ヵ国中37位という結果となったことを受けて、「若者たちが幸せを感じていないのはなぜか？　幸せを感じるには何が必要か？」をテーマにキャンペーンを展開。本書は、そこに寄せられた「みんなの声」の一部を書籍としてまとめた一冊です。ここに、あなたの家族の声も掲載されているかもしれません。

はじめに

「君の声が聴きたい」の前身は、「くうねるあそぶこども応援宣言」という局内の有志によるグループでした。子どもをめぐる社会問題について部署を超えて情報共有をしたいという展望を持ちつつも、それぞれが本来の業務に忙しく、活動の維持が難しいことが課題でした。そんななか、ＮＨＫが「組織内で横につながり、多様な専門性をもった職員が連携できる体制を作っていこう」という方針を打ち出したことで、「君の声が聴きたい」という大型プロジェクトが動き出しました。初年度は２０２２年５月の9日間、40以上の番組が参加する異例の特別編成でキャンペーンを展開。反響が大きかったことから、２０２３年も同様の放送を実施。２０２４年で3年目を迎えます。

声を募集しはじめた当初は、テレビ離れが進んでいると言われる若い世代がどれだけＮＨＫに心を寄せてくれるだろうか、突然「君の声が聴きたい」と言われても戸惑うのではないだろうかという不安がありました。ところが結果的に初回だけで1万に及ぶ声が寄せられ、なかには非常に文字数の多いものや深刻なものも散見されました。一つひとつの声に目を通すうち、切実に「誰かに自分の声を聴いてほしい」と思っている子どもたちの多さ、そして彼らの声を聴いてくれる人や場所が今の世の中には足りていないのだという現実を痛感することになりました。

番組放送後は、主に10代を中心とした視聴者から非常に内容の濃い感想が届きました。そこには、「自分にも聴いてほしい声がある」「番組を見て、こういう気持ちを抱えているのは自分だけじゃないんだと気づけた」という声が多く見られました。

現代を生きる子どもたちは、心のなかにいろいろな声をもっています。けれど、「こんなふうに感じているのは自分だけなのでは？」「こんなことを言うと、周りに重いって思われるかも」「言ったとしても誰も自分を理解してくれないし、何も変わらない」などの思いから、なかなかその声が表面に出てくることはありません。声にならない声を抱えながら、彼らはその日その日をなんとかやり過ごしているのかもしれません。

声を募集するにあたり、番組から投げかけた質問は、

「もしひとつだけ願いが叶うとしたら、あなたは何を願いますか？」

「大人や社会に対して、言いたいこと、お願いしたいこと、こうしてほしいということはありますか？」

の2つ。この質問を入り口として多種多様な声が集まり、その内容は子どもたちが

直面しているあらゆる問題を浮き彫りにしていきました。現在も番組公式サイトには声が寄せられ続けています。

今回の書籍化にあたっては、寄せられた声の一部を掲載することになりました。じっくりと読んでもいいし、好きなところだけを読んでもいい。自由に行ったり来たりしながら、気になる「声」に耳を傾けていただけたら嬉しいです。

「君の声が聴きたい」プロジェクトに参加してくれたあなたへ。

声を聴かせてくれてありがとうございます。あなたは、ただ自分のことを話しただけだと思っているかもしれませんが、その声は、この社会とどこかでつながっているものだと思います。そしてあなたの声は、この社会を良い方向に変えていくためのきっかけとなるものだと思います。もしかしたら、「声を送ってみたけど、全然聴いてもらえた気がしない」と感じているかもしれません。でもその声は、確実に私たちに届いています。たくさんの大人に、あなたの声が突き刺さっています。これからあなたの声は、確実に何かを変えていくと思います。私たち大人にとって、あなたの「声」それ自体がプロジェクトの存在意義であり、これから私たちがすべきことの指針を示してくれる存在です。

声にならないモヤモヤを感じながら、まだそれを外へ出せていないあなたへ。

この本を手に取ってくれてありがとうございます。あなたがたとえまだ外に出していなくても、あなたの声は、たしかに存在するものです。自分のなかにあるその声にまずはしっかりと耳を傾けてみるところから、新しい風が吹き、何かが動き出すかもしれません。

私たちには、あなたの声を聴く場所をつくった責任があります。このプロジェクトをはじめたからには、若い世代のみなさんに「ちゃんと自分の声を聴いてもらえた!」と感じていただけるように、やるべきことを続けていきたいと思っています。また、みなさんの声を受けて、大人に何ができるのかということを、これから一つひとつ考えていきます。

あなたがこの本を通して、「言いたいことは声に出してもいいんだ」「自分の声を聴いてくれる場所は確かにあるんだ」と思ってくれたら嬉しいです。

NHK「君の声が聴きたい」チーフプロデューサー　岡本朋子

君の声が聴きたい

CONTENTS

本書は、下記のNHKが運営するウェブサイトに2022年3月から2023年9月までに投稿されたなかから編集部が選んだ「声」をまとめて、オリジナルの鼎談を加えて構成した書籍です。

投稿はできる限りそのまま掲載していますが、誤字脱字、表記の統一、わかりづらい表現などは、読みやすくするために編集部で編集している箇所があります。

投稿の最後に以下のマークが付けてあります。これは投稿がサイト上に公開された時にタグ付けされたカテゴリーになります。公開されなかったものは、編集部の判断でカテゴリー分けしました。

アイコン

- 声 … 声を聴かせてほしい
- 学 … 学校・会社・人間関係
- 進 … 進学・就職・夢
- 政 … 政治・世界
- 障 … 障がい
- 自 … 自分・心・個性
- 家 … 家族のこと
- 不 … 不登校
- 金 … お金
- コ … コロナ
- ジ … ジェンダー
- い … いじめ

「君の声が聴きたい」 https://www.nhk.or.jp/campaign/koe/kodomo/

Chapter 1

声を聴いてほしい

ずっとひとりで抱えていた気持ち。どこにも行き場のなかった孤独な思い。ただ、誰かに聴いてほしかったこと。

このNHK「君の声が聴きたい」プロジェクトのようなものが、たった何日かの期間ではなく、それなりの頻度であってほしいです。ずっとここに投稿できる状態であってほしいです。また、たくさんの人が、このような場所で思いを綴《つづ》って、たくさんの人が、世の中にこんなにある悩みや願いを読んだらいいなと思います。

誰にも言えなくて、ずっと自分の心のなかでうごめく気持ち、願い。自分の思いを一つひとつ丁寧に言葉にしているだけで、だんだんと自分の気持ちが整理されてきました。私って、こう思っていたんだ、実はこうしたいんだ、本当はこうなってほしいと思っているんだ、など、自分の気持ちにあらためて気づくことができました。そして、自分の願いが、どこの誰かも知らない人たちに読んでもらえていると思うと、なんだかホッとしました。きっと読んで、反論するような人もいるのだろうと思いますが、自分と似た思いをしている人がきっとどこかにいて、その人が私の願いを読んで、自分だけじゃないんだと、そう思ってくれることを心から願っています。きっとそんな人もいると、そう信じたいんです。自分と関わりのない他人、またはその願いが私のものだと知らない知人へ、直接人には言えない、私のさまざまな感情を、ただただ聴いてもらいたいだけなんです。少なくとも私は。誰かしらに聴いてほしい。そして受け止めてほしい。それだけ。

自分の願いが叶わなくたって、周りの人に言えずに苦しんで、ようやく勇気を出して伝えても理解してもらえなくたって、自分が意気地なしで怖がりなせいで本当の気持ちを誰にも言えなくたって、どこか遠くにでも、同じ世界に、同じようなことを感じている人がいるのなら、そう信じることができるなら、それだけでなんだか救われるような気がします。何にどう救われるんだか知りませんが、それでも、フッと心が軽くなる気がするんです。少しだけ。

だから、本当に、ほんの少しだけでもいいから、心に溜まっている何かが、フッと軽くなる人がたくさんいればいいなと思いました。そして、そういうことが起こる機会が、私たちに与えられたならとても嬉しいんです。このプロジェクトみたいに。

パオトゥル（13歳・女性・東京都）声

★

私は、もしひとつ願いが叶うとしたら、1日大人になってみたいです。理由は大人になってみて大人の心情、気持ちが知りたいからです。

大人は子どもに対して「これをやりなさい」「あれはやってはいけません」「それは素敵なことだから真似しなさい」と、私たち子どもに自分の考え通りに行動するよう、強要しているように思います。

だから1日、大人の視点で、違う見方で、いろいろなことを見てみたい、やってみたいと思いました。

というのも、私は大人が子どもに何か自分の思ったことを言い、大人たちがどのような気持ちで子どもに自分の考えた理想の行動を強要し、希望しているのか知りたくなったからです。

そして、子どもを自由にしてほしいです。子どもを自由にしてほしいとは書きましたが、私は子どもを見放してほしいと話しているのではありません。私は、子どもに大人のやってほしいことを自分がやっていないのにもかかわらず強要しないでほしいということ。あと、子どものやりたい、やってみたいということを否定しないでほしいと思ったのです。

私は比較的、ほとんどのことを自由にさせてもらってはいますが、世の中には自分がやりたいと思ってもそれをさせてもらうことのできない子どもたちが多くいると思います。だからそれを、大人にやめてほしいと思ったのです。

一部の大人は、子どものためではなく自分のため、自分が見栄をはりたいために、子どもに「この大学に入りなさい」などと言い、子どもを有名な大学に入れたりして、この子は自分がこのように育てたのだ、と言いたいだけなのです。

もちろん子どもにきちんと育ってほしいから、などと言う人は、子どもに意見を聞いてからやってほしいものですが、子どものためを思ってやっているのはいいことだと思うのでそこはいいと思います。

ですが、自分が見栄をはりたいためだけに子どもに理想の行動を強要し自由を奪うのはどういうことだと思います。

誰だって上を目指すのはいいことですが、それは自分で決めた時だけのことを指すと私は思います。親ではあるものの自分ではない誰かに自分のやることを決められるのは誰しも眉をひそめるようなものだと思います。自分の決めた目標、自分のできることの少し上を目指し努力する。その子ども時代に必要不可欠な自分を磨くことを、いい歳の大人が子どもにこれは良心だと偽って自らのために奪うのはどうかと思います。だから私は、大人に子どもの自由を奪わないでほしいと思いました。

リオ（11歳・無回答・千葉県）声

普通に暮らしたい。それが自分にとっての「幸せ」だから。違う価値観を認めてほしい。大人は、目標を高くもて、とか言うけど、私は自分に合った生き方が好きだから。

しゅがーらすく（11歳・女性・東京都）声

SNSに操られて生きていたくない。SNSが普及した現代は流行りものがあって、みんな同じものを持って写真を撮らないと乗り遅れてる風潮があります。Instagram や TikTok のフォロワー数が友だち

のなかでも格差を生んでいます。旅行や遊びに行ってもインスタに載せる写真スポットばかりを探しては、どれだけ映えてエモい写真を撮れるかの争いです。せっかくいいところに来てるんだから、来てる人と一緒に楽しめばいいのに。

ＳＮＳに囚われて生きたくない。紙の教科書やノートもなくなって、デジタル化して機械の導入ばかりにするのはやめてほしい。授業はタブレット1台で受けるようになりました。ノートの代わりにタッチペンでタブレットに先生の話を書くようになりました。先生は黒板ではなくパワーポイントを使います。

デジタル化はいい部分もたくさんあります。未来ではもっと進化して使われることもわかります。けれど急に渡されて「はい、使いこなして」は無理です。勉強は今まで通り紙でやりたい人もいることはわかってください。

ゆうひひ（15歳・女性・東京都）声

学生専用の優先席をつくってほしい。私は部活動に所属していて電車で毎日1時間かかる距離を移動しています。部活終わりにとても疲れたり、朝練で始発に乗らなければならなかったり、とても眠い状態で疲れた状態でずっと立ちっぱなしは、とてもしんどいです。

そして私のせいでもあるのですが、部活終わりにとても疲れていて優先席しか空いていなく、そこに座って寝ていたところ、50代ぐらいの方に「そこの若者、座ってないで立って私に席を譲りなさい」と怒られました。「若いくせにこっちは仕事で疲れているんだよ」と嫌味まで言われました。

なので、仕方なく立ちましたが、私だって若くても人間です。部活で体はボロボロです。こっちだって朝から勉強して夕方から部活を3時間近くやります。大人だからといって偉いのでしょうか？　若者がそんなに大人をすごいと思って生活をしなければならないのでしょうか？　私たちも人間です。優先してほしい時もあります。

「大人だから」という言葉を使ってほしくないです。大人だから偉い。仕事をしているから偉い。そんな考え方はやめてほしいです。今でも大人の古い考え方が若者を苦しめる時があります。

昔はこうだったとかよく言われますが、はっきり言ってそんなの私たちには関係ありません。その頃に生まれてもいない私たちに昔はこうだったとか言われてもわかるわけがありません。日本人は頭が固くて考え方が古臭くて嫌です。もっと若者の新しい考え方を尊重してほしいです。

まっす（16歳・女性・新潟県）声

エッセイ本を出版したい。僕は文章を書くのが好きなので、今まであった人生を書き出したいと思ったから。今まで出会った人に感謝をしたいから。また、これからのスタートをより良いものにしたいから。

若者の発言する場を市区町村ごとに設けてほしい。若者の意見は素晴らしいもので溢れていると思っているから。自分のようなあまり公に発言するのが得意じゃない人でも素晴らしい意見をもっているから。発言するのが得意じゃない人は経験が少ないからだと思うから。

そうたん（14歳・男性・東京都）声

みなさんに、行動したり、発言したりする際、1回立ち止まって考えてから動いてほしいです。自分が完璧にそれをできているかと言われたら、わかりませんが、SNSを利用していても日常生活のなかでも人を傷つけるような心ない言葉に溢れているからです。

震災を経験して、よりそう思うようになりました。無視すればいいかもしれませんが、言われたら嫌な気持ちになりますし、言ってる人はもったいないなと思ってしまいます。愚痴や悪口を言いたくなってしまっても公に言うことではないので傷つける行為ではなく、誰かを救うなど他に時間を割いてほしいなと思います。すごい上から目線になってしまってすいません。他の人の意見も聞きたいです。

世代関係なく交流できたり、若い人たちの話を聞いてもらえたりする機会がほしいです。そこで固定された考えを見つめ直してほしいです。ジェンダー平等や環境問題などについて、上の世代で受け入れられてない方が多いのではないかと感じるからです。すべての方がそういうわけではありませんが……。テレビではさまざまな世代が話し合ったり、学ぶ様子が放送されたりしていますが、若い世代が生きづらさを訴えることをよく目にします。

自分の思いを伝えても「自分たちの頃は○○だったんだから」などと言われることもあります。大人の方々の経験は大事ですし、新しいことを次々と受け入れるのも大変だとは思います。ですが、社会を変えるには意識を変えるなど大人の方々の協力が必要です。互いに意見を交流して社会の問題を変えていきたいです。

smiley（17歳・女性・福島県）声

見た目が重視されない世の中になること。今、SNS上で垢抜けてきれいになる方法がたくさん載っていますが、そのどれにもダイエットという言葉があります。痩せている状態だけが美しいわけではないのに、痩せていなければきれいじゃないという思想が根強く残っています。

その原因のひとつにテレビがあると思います。幼い頃からテレビを見ていましたが、テレビでは容姿いじりがとても多いです。毎日のようにその光景を見ていると「見た目が好みでない人のことは、からかっていい」という心理が、気づかないうちに芽生えてきて、人の容姿のことや自分の容姿に口を出してしまうのではないかなと思いました。

　もちろん、テレビがすべて悪いわけではないんですが、みんなが見るものにそういうデリケートな話題がマイナスで出ていると潜在意識がついてしまうのではないかなと考えました。なので、テレビでこのことを扱ってもらって、多くの人に意見も聞いてもらえたら、少しでも容姿で悩む人が減るんじゃないかなと思いました。

　子どもだから、という理由であしらわずに一個人として対応してほしい。子どもでもしっかり物事を考えて行動している。一つひとつの言動に意味と考えがあるから、否定するだけじゃなくて寄り添って同じ目線で考えてほしい。

あんな（17歳・女性・宮城県）声

★

SNSがなかった時代に生まれたかった。SNSが流行り出してTikTokとかTwitter（現・X）など身近なところで人の偏見とかアンチが見られるようになり、そんなことでもこんなに言われてしまうの？　って思うことが多い。それを自分のこととして捉えてしまって、こんなことしたけどSNSみたいに裏で何か思われないかなって思うことが多くて疲れるし、生きづらい。

　日本は小さい頃からみんなと同じことをするのが正しいという教育をされる。それは校則にもつながっていると思う。この髪型にしなさい、その髪型は正しくないから。この服を着なさい、この服だと大人（地域の人）から変な目で見られないから。髪の毛は縮毛矯正、色、パーマかけていないか、眉毛まで見られて、細かく言われる。正直、本当に気持ち悪い。だって全員が同じ髪型、服。自分のコンプレックスを隠して何が悪いんでしょうか？

　どうして大人たちは子どもたち一人ひとりの個性をなくそうとするんですか。日本はみんなと違うことにとても厳しい。小さい頃からこのような宗教じみた行為を受けてるから、私が大人になったら私もあんな大人になるのかなって思う。

なる（17歳・女性・宮崎県） 声 学

嘘をつかなくても笑って生きていける世界になってほしい。日本は同調圧力とか、画一性とかいう文化が根付いていて、時たま嘘をつかなければ、自分が傷ついてしまう場面がたくさんあります。「みんな違って、みんないい」なら、そのそれぞれがもつ個性を存分に発揮し、その個性を祝福し、学んでいけたらいいなとずっと思っています。

年齢関係なく言い合える世界になってほしい。年齢によるある種の差別をしばしば感じます。例えば、君はまだ若いから黙っていなさいという場面があったりすることです。また逆に、私はもう歳だから、とさまざまなことを放棄しないでください。人は生涯学んでいかなければいけない生きものだと思っています。その向上心のない姿勢のせいでたくさんの人々が傷つき苦しんでいることに気がついてください。変なプライドは捨てて、お互いに学んでいきませんか。

りーもね（17歳・中性・神奈川県） 声

意味不明なことで人を嫌い、陰口を言ったり、暴力を振るったりするような人たちがいなくなればいいなと思います。それを受けている本人からすれば何をどう直せばいいのかわからず、ずっと解決しないままモヤモヤするからです。

学力で判断され、他の観点では見られずに社会に出される日本の仕組みが変わって、自分が本当に得意なことで勝負ができるような社会になってくれればいいなと思います。学力でほとんどを評価されるので、別の観点でも評価してくれれば、将来進む道がもっと広がると思ったからです。

Senku（16歳・男性・島根県）声

みんなスマホを持っていなくて、公園で鬼ごっこをしていた時に戻りたい。今でも集まることはできるけど、あの時みたいにただただみんなで走ったり話したりすることはもうできないなと思ったから。

私たちの限られた学生生活のコロナによる制限に対して「しょうがない」で済まさないでほしい。誰のせいでもないのはわかってるからこそ、どこにぶつけたらいいのかわからない。人生で一度しかない高校生活を、普通に経験した人たちにいろいろ言われるのがすごく嫌。でも、制限があるなか、私たちが楽しめるようにいろいろなことを計画してくださる先生方にはとても感謝しています。

りー（18歳・女性・神奈川県）声 コ

妊娠して誰にも相談できなくて、産まれた赤ちゃんを捨ててしまう女の子がいない社会になってほしい。育てられない時に代わりに育ててくれる人がいたら、赤ちゃんは捨てられなかったと思います。もしそういう制度があったとしたら、学校で教えてください。赤ちゃんの存在に困って捨ててしまい、犯罪者になってしまって、社会に居場所がなくて引きこもりになってしまった子がいると、僕の住む区の副区長が仰っていました。赤ちゃんを産んだ女の子が悪いのでしょうか？　一度人生のレールから外れてしまってもやり直せる社会になってほしいです。

それと、公共交通機関の時間に正確な日本は素晴らしいけれど、正確が当たり前になって、杖をついた人やベビーカーの親子を待ってあげられる心のゆとりが運転手や乗客にないことが悲しい。幸福は自分の手でつかむものだけれど、少子化の日本では競争するより支え合う社会になったほうが、幸福度が高まると思います。宮沢賢治さんが「社会全体が幸せにならないうちは個人の幸福はありえない」といったようなことを仰っていて、その通りだと思ったからです。

他人に迷惑をかけないほうがいいけれど、自分も突然の怪我で杖を使うようになるかもしれないし、ベビーカーの親子は途中で子どもの靴が脱げてしまって引き返していて遅れてしまったのかもしれません。家族にも他人にも寛容な社会が幸福だと思います。「いいよ」と言ってくれる大人が増えたら子どもは安心感をもてるし幸福度は高まると思います。

星の数ほどいる人の一人（13歳・男性・東京都）声

死ぬ時に幸せだったと思える人生を送ること。「幸せ」と書きましたが、私はそれが何なのかイマイチよくわかりません。それでもただ漠然と、「幸せだった」と思いたい、という願望が自分のなかにあります。

大人はなぜ「教育を受けられるこの日本の環境はとても恵まれているんだ」と子どもに教えるのか知りたい。なぜ勉強をするのか、なぜ大切なのかを説く時に、海外の貧困の子どもたちを例に取り「日本のように教育を受けられることは恵まれているんだ。だから勉強をしろ」と言う人に出会ったことが何回かあります。そのたびに私は「なぜ恵まれていることが理由になるのか」と少しモヤモヤします。

もちろん日本は世界的に見て裕福で、教育環境は整っています。海外の貧困に苦しむ子どもたちのなかには、教育を受けたくても受けられない子がいることも知っています。しかし、それを言われても、私は「よし。勉強がんばろう」とは思えません。勉強は自分の将来の選択肢を増やすためにするものだと思っています。私には共感力や優しさが足りていないのでしょうか。私のこのモヤモヤは、どうして生まれるのでしょうか。

パル（18歳・女性・東京都）声

私たちは、学校でSDGsなどの社会問題について、日常生活のなかなどで多く触れ、考える機会が多い。でもやっぱり私たちだけが変わるだけでは世の中は変わらないと思う。大人がつくり出した狭い世界で悩んでいる人がたくさんいる。それを変えるには私たちだけの力では難しい。だからこそ一人ひとりの大人に先陣をきってもらい、そういった世界をみんなで変えていきたいと思ったから。子どもだけの意識を変えるのではなく、大人の意識も変えてほしい。

ももか（14歳・女性・静岡県）声

話を聞いて、ただ見守ってくれる大人がいてほしい。親とか家族と仲が良くない。悩みも相談できない。でも、そうなったら、あとは相談機関しかない。今までたくさんの相談機関につながってみたけど、結局、匿名OKって書いてあっても、学校を教えたり、会ったりしないと相談機関は取り合ってくれないし、そうなると大事《おおごと》になるし、どれだけ相談機関が増えても、曖昧な生きづらさみたいなものを本当の意味でとりあってくれる大人はいない。

できれば、もっと目に見えないことを想像したり、理解できないとかじゃなくて、ちゃんと向き合ったりしてほしい。行政とか仕事だからとかじゃなくて。多様な社会とか言うけど、結局世間体とか目に見えてるものしか扱えないのは大人のほうだと思うから。

ありす（17歳・女性・千葉県）声

周りの人間が心身ともに苦しまずに幸せでいられること。つらくても他人を優先して我慢してしまう、苦しくてもがんばる人がいる。しかし、無敵なわけではない、いつか限界がくるはずだから。

苦しい時に話しやすい、休みやすい、親が子どもと一緒にいられる環境づくりをしてほしい。子どもの頃に負った心の傷は大人になっても消えない、大きくなるから。

にしこう（17歳・男性・神奈川県）声

★

私は物心ついた時から耳が人より敏感で、運動会のピストルが鳴る時は毎回耳を塞いでいました。大きな音が無理なので、耳を塞ぎ続けていました。耳を塞ぎ続けるとどうしても途中で耳が痛くなってしまうので、中学3年生の運動会ではじめて耳栓をつけて参加しました。音自体の負担は減りましたが、どうしても周りからの視線が痛かったのは覚えています。

ですが、周りにいた耳のことを理解してくれる友だちのおかげで、それまでの運動会より苦痛は少なかったと思っています。耳栓をするまでは本当に運動会の時間が苦痛でした。毎回休もうかと考えていたくらいです。

その他にも私は音楽が大好きでよくライブに行きますが、ライブの大音量も本当は楽しみたいのにどうしても無理で、毎回ライブ用の耳栓をつけて参加しています。ですが、耳栓が見えてしまったら、アーティストの方もファンの方もいい思いはしないのかなと考えてしまい、毎回耳を隠せる髪型しかできません。

耳が人より敏感な人は私以外にもたくさんいると思います。なので、学校の先生方には、できるだけ大きな音を使わない方法を考えていただき、アーティストのみなさんやそのファンのみなさんにも、そういった理由で耳栓をつけてライブに来ている人がいるということ、その人たちも本気で音楽を楽しみたいと思って来ていることを知っておいてほしいからです。

バナナ（15歳・女性・北海道）声

現在、日本は世界と比べて自殺者が多くなっている状況です。また、ストレスを溜め込みやすい社会になっているのも事実だと思います。

ストレスを溜め込んでしまう原因は、人によってさまざまだと思いますが、職場や学校での人間関係が悪いこと、自分の将来に希望がもてないことなどが原因で、自ら命を絶つという選択をしてしまう人が多いのだと思います。

ですが、そのような人たちが悩みを打ち明けられるような環境をつくれば、明るい社会へとなっていくと思います。人生を生きているなかで、「つらいこと・苦しいこと」によって、自ら命を絶ってしまう人がいなくなりますように。


たくま（15歳・男性・和歌山県） 声

子どものアイディアを聞いてほしいです。私は地元を盛り上げることをしたいとよく思うのですが、自分ひとりでできることはほとんどなく、モヤモヤしています。アイディアだけがたくさんできても、それが実現可能なのか議論されることさえなく、自分の頭のなかの空想で終わってしまうのが悔しいです。

子どもの目線で考えられて出てきたもののなかには、大人には考えつかないものもあると思うので、子どもたちのアイディアを聞いて、その実現に向けて動いてくれるような仕組みをつくってほしいです。


ひなたの道（16歳・女性・秋田県） 声

私は将来、日本史の研究員になりたいと思っているこの頃の高校生であります。未来に行くことは可能だと言われていますが、過去には絶対戻れないそうです。しかし、どうしても過去に戻りたい願望があります。もちろん、過去から学び未来に生かすという理由でもありますが、私は現代にはない雰囲気や人、価値観をこの身をもって感じたいと思い、それがこの世に残されていないと思うだけで、たまらなく愛しく、かつ悲しく思います。
ですが過去に戻れたならば、その愛しきものが間近で感じられる。五感で味わえるということです。吉田松陰先生の授業を受けたいとか、東大寺大仏開眼式に参加したいとか、たまに考えます。かなり変態的な内容で申し訳ないです。
まとめると、存在しないからこそ余計に知りたい、見てみたい、とするこの感覚が、タイムマシーンをほしがる理由です。

いずみ（17歳・男性・栃木県）声

ネットの言論規制を強化してほしい。ネットで、言葉の暴力に傷つく人がたくさんいると思います。きつい言葉に苦しくなります。もし誰が書いたかわかる世界なら、もう少し言葉選びが良くなると思います。

あいは（15歳・女性・千葉県）声

今、子どもの声を聞くことは大事、という風潮になっているが、その多くが、大人が子どもの言っていることを「聞いてやっている」状況。テレビで子どもの意見を聞く時も、子供の意見はそれでＶＴＲを作り、それを大人が見て「〇〇が大事ですね～」と上から目線で言って終わり。
学校ではいわゆるブラック校則の改正が進んでいる。私もいくつか情報を集めているが、すべてにおいて、最終的に変えたのは先生＝大人。子どもが話し合っても、意見を出しても、最終的に決めるのは大人。これで「子どもにとってより良い社会」なんて夢のまた夢。決して「子どもの意見をなんでも受け入れろ」とは言わない。ただ、子どもと大人が対等に話し合い、物事を決定できる場がほしい。必要だ。子どもにも、物事を決める一票を与えてほしい。

アサカ（16歳・無回答・埼玉県）声

数日でいいから課題も部活も何もなく、勉強しないでいい休日がほしい！　連休があっても部活や課題がたくさんあって友だちと遊んだり、自分の好きなことをしたりする時間があまりないから。もちろん、部活は楽しいけど、たまには長期の自分のやりたいことができる休みがほしいです。

刹那（16歳・女性・鳥取県） 声

…………………………☆

　勇気を出して言った言葉を、途中で否定したり、笑ったりしないでほしい。最後まで聞いてほしい。学校の先生に勇気を出して相談したけど取り合ってもらえないことがあったり、授業中発表しても笑われたりしたことがあってつらかったから。それから自分の気持ちを人に話すことをためらうことが増えてしまったから。

ゆう（17歳・女性・広島県） 声

…………………………☆

　生きる希望がほしいです。少し前までは生きていたくないということばかり考えていたのですが、今は学校へ行ったり、ささやかに好きなものも見つけたりして、生きたいと思えるようになってきました。でも、生きたいと思うようになると、以前より苦しいことも増えてきました。

　SNS上で飛び交う言葉が頭から離れずに苦しんだり、ふとした瞬間に自分の怒りに体が内側から焼けているような感じがしたり、常に人の言葉で自分を押さえつけられているようです。自分を大切にできず、周りの人も大切にできず、比較して焦って、劣等感ばかりが募ることも多々あります。

　暗いニュースはよく目にしますし、未来なんてないという言葉もよく見かけます。やらないほうがいい、恥ずかしい、失敗すると言う人がたくさんいるけど、今が苦しくても、未来は明るいと信じたいです。自分にはできないと何度も何度も思います。それでもやってみたいことはまだたくさんあります。それをやってみたい。そして自分だけではなくて、もっと多くの人が、自分を大切にして、やりたいことを見つけて、挑戦ができて、この先も生きる希望をもっていられたらと思います。

ハギ（18歳・女性・鳥取県）声

誰もがありのままでいられる社会に。難しいことなのかもしれないけど、目指すことを諦めないでほしい。一人ひとりをもっとちゃんと見て。声にならない叫び声を子どもたちはもうずっと前から上げているんだ。

大人たちが知らないふりをしているだけで、誰かや、社会が決めた「普通」や「当たり前」を押し付けないでください。その枠から外れれば「普通じゃない」の枠に入れられる。みんなと違う行動をすればおかしいとそう言われるこの社会は、きっと生きづらく、息がしにくい。性別ひとつとっても同じことだ。「女性だから」「男性だから」こうしなさい、こうあるべき、そんな言葉で僕たちをしばりつけて、可能性を奪わないで。

僕はずっと疑問でしかない。「個性を大切に」とよくこの言葉を聞く。それなのに、集団からはみ出したものは注意される対象になる。校則という名の鎖で縛られた世界で自分を出す場所なんてどこにあるというのだろうか。その個性を奪っているのは他の誰でもない大人で、学校なのではないだろうか。頭髪、メイク、制服の着方、多くのことが制限されるそんななかで「個性」を出せる人は一体いくらいるのだろう。

ポラリス（18歳・女性・北海道）声 ジ

自分の本性が出せない。つらい。私が小学生の頃、嫌がらせを受けた。そこから、周りの顔色をうかがうようになり、いつの間にか自分を押し殺して生きていた。自分でも気づいてなかった。
今になって思う。本当の自分を出せてないこと。今は苦しい。助けてほしい。誰にも話せない。どうしてだろう。悩んでいること、小さな悩みでも優しく受け取ってほしい。共感してほしい。私は悩みを話すのが苦手でひとりで抱え込んでしまう。それで死にたくなる時がある。そういう時に誰かが優しく話を聞いてくれて、受け止めてくれるだけでも救われるな……と思う。だから、悩みや相談を気軽にできる環境がほしいです。
親とかに悩みを話しても、あんたが悪いって責められる時があって、せっかく勇気を出して相談したのに否定的な言葉を言われると傷つく。共感だけでもしてほしい。否定しないでほしい。最後まで話を聞いてほしい。優しく受け止めてほしい。学校とかも気軽に相談しやすい雰囲気をつくってほしい。悩みを話せないで苦しんでいる人もいることを理解してほしいです。助けてほしくても声を上げられない人もいることを理解してほしいです。本当は人に頼りたくても頼れないこともある。話したくても話せない時もある。そういった子がいることをもっと広めてほしいです。

チーズ（17歳・女性・滋賀県）声

どうでもいいルールをなくしてほしい。子どもは、大人にわけのわからないルールを押し付けられることがしばしばある。ブラック校則なんかがいい例。ルールを守らせる時には、必ず理由を説明してほしい。また、ルールを守る側にも、意見を言わせてほしい。どうでもいいルールは、大人の社会にもあると思う。ルールは社会の維持に必要ではあるけれど、今存在するのは目的に適うものばかりではない。ルールのために苦しんでいる人がいたり、効率が悪くなったりしていることを考えてみてほしい。

猫（17歳・男性・静岡県）声

誰もが「生きていることの良さ」を実感できる社会にしたい。みな、ひとり残らずハッピーになるような瞬間はなかなかやってこない。誰かが嬉しい思いをした時、その裏で別の誰かが悲しい思いをしているのは、人間がつくる社会では仕方のないこと。
　だけど全員がどこかのタイミングでハッピーを経験して、「生きていて良かった」を味わえる社会にすることはできる。たとえ毎日嫌なことがあったとしても、「あの時の気持ちをまた味わいたい」と生きる道を自然と選べる社会を、私たちの手でつくりたい。

じゃむ（17歳・女性・兵庫県）声

　ネットの悪口がなくなってほしい。私自身、SNSで複数人に陰口を言われ、中学校に行けなくなった経験がある。今は通信制高校に通っているが、心の傷は一生残っていくと思う。また、自分の好きな芸能人がネットで理不尽な悪口を言われているのを見て、悲しい気持ちになった。ネットは便利だけど、人を傷つけるために使うものではない。私のように悲しい思いをする人が少しでも減ってほしい。

ももせ（15歳・女性・福島県）声 不

　みんなが思いやりをもって、子どもの声をきちんと聞いてほしい！　子ども一人ひとりをきちんと見てほしい！　なぜかというと、ジェンダーの問題や社会保障費の問題を避けているように感じるからです。自分たち高校生が言っても、どうせ高校生だから、と言ってろくに聞いてくれないからです！
　本当に子どもたちに精神の幸せを取り戻したいのなら、まずは子どもや若者をきちんと見るべきだと思うからです！　将来が心配で、心配で仕方ありません！　それでも自分は将来の夢に向かってがんばっています！　それは自分が声を上げて少しでも何かが変わってほしいと思うからです。（補足ですが、あまり学校は楽しくないですが、自分からいろいろな活動をして、そちらと勉強とで充実しています！）

ゆうご（17歳・男性・島根県） 声

………………………☆

私は死にたいと思うことがある。いじめられてるとか、顔に火傷の痕があるとか、そんなんじゃない。ただ、自分が嫌になっただけ。

一度、大人に話したことがある。その時、大人から返ってきた言葉は「死にたいなんて言っちゃやだめ。どうしてそんなこと言うの？　あなたは特別ブサイクでも、特別貧乏でも、いじめられているわけでもないでしょう？　あなたよりもつらい子が世の中にはたくさんいるのよ」だ。この時、私は大人を信用しちゃいけないのだと感じた。助けてくれると思った。死にたいと思うことを否定しないと思った。ただただ、話を聞いてほしかった。

自殺する子は大抵が大人に相談をしない。「ねぇ……。やっぱりなんでもない」。そんな感じで、そこから先が出てこない。私の友だちにも……心友にも死にたいと思っている子がいる。大人を信用できない子に、ＳＯＳの電話も意味がない、とその子は言っていた。だって大人を信用していないから。その子もそうだ。私もそうだ。ただ聞いてほしいだけ。ただ、泣いている背中を無言でさすってほしいだけ。

死にたいと思うのは小さな自殺だ。その小さな自殺で私たちは成り立っている。だから見ていてほしい。だから気づいてほしい。だから否定しないでほしい。ちゃんと生きられるから。大丈夫だから。友だちに相談とか、できる子だっているから。本当に無理で、もう駄目だと、困っている子には手を差し伸べてほしい。それが、誰であっても。大人とか子どもとか関係なく、助けてほしい。話を聞くだけでもいいから。死にたいという思いだけでも否定しないであげてください。

紅（14歳・女性・兵庫県）声

「助けて」と言える勇気がほしい。どんなに毎日がんばって、傷ついて、つらい思いをして、苦しくても、誰にも相談できない。せめて、誰かに助けを求められたら少しは楽になるのかなぁ、なんて考えています。

でも、そんなの言ったって誰もまともにとりあってくれないだろうし、実際そうだったし、〝病みアピ〟とかいうことを言われたりするので言えるわけないんです。

でも、溜め込んでしまうと「なんで言わなかったの」と言われる。「言わなかった」じゃない「言えなかった」。こんなに理不尽な世の中では、生きていたくないです。

とまと。（13歳・無回答・大阪府）声

子どもが言ってくれるのを待たないでほしい。自分から言い出すのは簡単ではないから。

黒猫（11歳・女性・愛知県）声

子どもにだって子どもなりに考えてることがあることをわかってほしい。子どもの意見をただただ否定しないでほしい。

私たちにだって考えていることがある。そう考えた理由もある。それをただ「間違っている」って一方的に否定しないでほしい。だから本当につらい時に「話して」って言っても、話してくれないのがわからないいんじゃない（笑）？

かえる（16歳・女性・青森県）声

みんながみんなに優しい世界になってほしい。私は高校生なのですが、学校の帰り道などで、知らな

知らない人が相手でも、自分がされて嫌なことはやらないとか、そういう当たり前は守られてほしいです。

ののの（18歳・女性・埼玉県）声

い大人の男性に話しかけられたことが何度もあります。本当に困っている人の話は聞いてあげたいし、助けてあげたいという気持ちは誰しももつはずですが、彼らはその善意につけ込んで話しかけてきました。駅のホームで近くには誰もいない椅子があって、その人の友だちもいる状況なのに「なんだか体調が悪いので、肩を貸してください」と言われたり、一方的に車のなかから「ブス」という言葉を大声で投げ掛けられたこともありました。時間が経った今でこそ、うまい切り返し方があったのではないかと考えますが、声をかけられた時は頭が真っ白になって、その時はとにかく自分の命を守ることしか考えられません。もしへたな返答をして相手に逆上されたら、私は成人男性相手に力で勝てません。

そして、何よりつらいのはその言葉やその時の恐怖が頭から離れないことです。このようなことは女性が体験することが多いと感じますが、男性もこういう体験をしたら傷つくのが当たり前だと思います。

Chapter 2
家族のこと

外からは見えづらい、家庭のなかのこと。友だちにも、先生にも言えなくて、だから、ここで誰かに聴いてほしい。

両親の過保護が直ること。両親が自分のことを心配するのはわかるけど、家が離れてる子と遊ぶこととかを簡単には認めてくれないから、自由に家を出入りできるようになりたい。

私たちの悩みを自由に言える場所がほしい。友だちにトランスジェンダーの子がいるけど、私にしか言えてなくて、家族にも他の友だちにも言えていなくて、つらそうだから。

クラム（13歳・女性・愛知県） 家声

周りの意見にのまれて、自分を見失わずに、ただ自分のしたいこと、好きなことを貫き続けて生きたい。私の親は何事にも否定から入るタイプの人で、私がしたいと言ったことでも簡単には挑戦させてもらえませんし、理解もされません。

例えば私がダンスを習いたいともちかけた時は、絶対に続かないし、ダンスなんかしてほしくないと偏見で却下されました。私は、ただ楽しく自信をもって私の人生を歩みたいだけなんです。ただ、それがどんどん制限されて、今では「絶対にやる！」だった気持ちが、「いつできるのかなぁ、もうできないかもなぁ」という気持ちになってきました。だから、もし願いが叶うのならば親の理解を手に入れて、私らしく生きてみたいと思いました。

学歴や外見を見るよりも、もっと中身を知って選んでほしい。私は今、あまり高校に行けない日々を過ごしています。それはいじめがあるとか、そういう理由ではありませんが、どうしても人に会うのが怖かったり、大きい音や高い声が苦手だったり、HSP（※）気質で、人より物事を不安に感じやすいせいで、何もかもに追われてたり、学校の環境がしんどくてなかなか行けていません。

そして、親はこのことをあまり良く思っていなくて、泣きながらでも学校に行かされる時があります。そのたびにがんばれと言われて、「私はがんばってないのかな」とすごく苦しくなります。私は、大学には行きたいと思っているので、どうにか落ち着いて勉強をできる場所を探したいと、通信制高校でペースをゆるめて受験に備えたいと思っています。でも、親は通信制高校だと世間のイメージも悪いし、就職もできないからと許可してくれません。

バイトをはじめても、その緊張感から日々苦しめられていっていて、楽しみさえ楽しめないくらいしんどいです。もちろん、親が言っている世間体っていうのは私もわかっていますし、今の環境でがんばれることが一番なのだろうとは思いますが、それでもどうしても無理な人はいるし、その無理な人のなかでも環境を変えることで、もっと素晴らしい人に変われることもあります。そこは自分の努力次第だとも思っています。

だから私は、大人の方々に、ただただもっているだけの学歴や外見なんかではなくて、もっとその人の内面も照らし合わせて可能性を見つけてほしいと思っています。好きで学校に行けないようになったわけではないし、どうして行けないのか自分にもわからない時もあります。だから、そんな私たちを受け入れて一緒に歩んでくれる大人が増えてくれると、もっと不登校も精神的苦痛を感じる人も減るんではないかと思います。

音（17歳・女性・大阪府）家 不

※HSP　Highly Sensitive Person の略。生まれつき感受性が強く、視覚や聴覚などの感覚が敏感で、刺激を受けやすいという特性をもっている人のこと。

年齢関係なく、ものを言い合える環境がほしい。

年齢は、何年間生きたかを教えてくれるけど、どう生きたかは教えてくれない。世の中には薄っぺらい大人がたくさん、たくさん、た――くさんいるのに、その大人たちのつくったルールとか仕組みとかにとらわれて生きるのは納得いかない。

理由を説明できないルールはなくしてほしい。例えば、学校の校則で昔からなんとなく続いてる校則なども、毎年しっかりと見直してその時代に合ったルールに変えてほしい。昔からあるルールがなんとなく伝統みたいになってつながっていて、世の中は変わるのに自分たちのルールは変わらないのは将来苦労するから。例えば、化粧禁止、ツーブロック禁止などのルール。化粧は将来多くの女性が必要になるスキルだし、ツーブロック禁止の納得いく理由がない。

やぎちゃん（17歳・男性・神奈川県）声 学

……………………………………☆

制限をかけられない生活をしたい。私は去年家庭環境などの理由から祖父母の家に一緒に住むことになりました。この年で祖父母と一緒に住むことには抵抗があったのですが、家庭の事情なので仕方がないと思い、受け入れました。ですが、私の生活リズムと祖父母の生活リズムや、物事への認識などが全体的にズレていて、私がどんなに言っても理解してくれないことがあります。

友だちと遊びに行って帰ってくる時も「遅いね」など、好きに遊ばせてくれません。私はコロナなども含めて制限のない生活をしたいです。

自分の考えを私たち子どもに押し付けないでほしい。生まれた時代が違うし、生きている時代が違うのに自分たちの考えを私たちに押し付けてくることがあります。私の考えなんてどうでもいいみたいに話されて、自分たちの考えを押し付けられるのは心がすごく重くなり、相談しづらくなります。あと、「女の子なんだから」や、「男の子なんだから」などの意見もすごく嫌です。

みる（17歳・女性・神奈川県）家

家族や友だちと幸せに過ごしたいです。幸せに過ごせることが当たり前じゃないからこそ、家族や友だちとの時間を大切にしていきたいと思ったからです。

戦争のない世界になってほしいです。ウクライナのこともあり、今この世界で苦しんでいる方やつらい思いをしている方がいるという現状のなかで、みんなが平和に過ごせる世の中になればいいなと強く思ったから。

なぎさ（18歳・女性・兵庫県）家 学 政

優しい穏やかな父親がほしいです。私の父は人のことを平気でバカにしたり、けなしたり、見下したりするからです。殴ったり、めちゃくちゃに怒鳴られたりはないのですが、父といると居心地が悪いです。今まで育ててくれた感謝の気持ちはありますが、正直嫌いです。この前も「俺が嫌われてるのは、ママが娘たちに『パパががんばって働いてるから、毎日ご飯が食べられて学校に行けてるんだよ』ってフォローしてこなかったからだ」って言ってるのを聞いてしまい、ますます嫌いになりました。

たしかに父がいるおかげで平和に暮らせているのは事実なのですが、いくらなんでも恩着せがましすぎるし、自分の言った嫌なひと言の蓄積が今の関係につながっていることを自覚してるはずなのに、それを棚に上げています。

子どもへの接し方の授業を受けられるようにしてほしい。私は接客業のバイトをしているのですが、お客さんで子どもの頭を叩いて叱っている方や、子どもを置いてさっさと歩いていってしまう方がいて、子どもにとって親は頼らないと死ぬかもしれない、唯一頼れる存在なので、日常的に叩いたり置いていったりするのは子どもを傷つけてしまうと思います。

しかし、親のほうは日常的に叩かれたり置いていかれたりして育てられていたから、そういう育て方しか知らないのではないでしょうか。私の父は祖父の祖母に対する接し方を見て育ったから、人を見下すようになってしまったのだと思います。だから、子どもへのいい接し方を講演会や学校の家庭科や保健体育の授業で学べるようにしたらいいと思います。


しみちょこ（18歳・女性・大阪府） 家

温かく恵まれた家庭に生まれたいです。安心感や居場所があり、信頼できる人がいる環境で人生を歩みたいです。

もっと人の話に耳を傾けてほしいです。思いや価値観は思ってるだけじゃ伝わらないものの、言い出せなかったり、受け止める側がそのスタンスでいないことが多く、その結果すれ違いやギクシャクにつながってしまい、関係も悪くなるし、状況も悪化したりなど対話が足りないと感じるからです。


Iro（14歳・無回答・埼玉県） 家 声

私が小さい頃から母と父は仲が悪いです。2人が何も話していないと思ったら急に言い合いをはじめます。父は物にあたって暴言を吐いて、私の居場所を奪っていきます。家族で遊んだ記憶もないし、入学式や卒業式に両親揃って来ることもありませんでした。

周りの友だちが家族との話をはじめると、私は話すことがないのでずっと聞いています。でも、私にはそんな思い出がないから、聞いているとだんだん苦しくなってくるんです。うらやましくて、友だちのことをずるいと思って、そんなことを思う自分が嫌になって、何度も何度もこの世界から逃げ出したいと思いました。

でも、両親の仲が良ければ、こんなこと思わなくなるし、たくさん思い出ができると思っています。だから、母と父の仲がいい家庭に生まれたいです。

それと、子どもの心の声に耳を傾けてほしいです。どれだけ強がって大丈夫だと言っていても、心のなかでは苦しい、助けてほしいとSOSを出しています。大丈夫じゃなくても、親や友だちや先生に心配をかけたくないから「大丈夫」と言ってしまいます。そして、心がいっぱいいっぱいになって抱えきれなくなった時には、頼り方がわからなくなっているんです。

どうか、子どもたちがひとりぼっちにならないように、心の声を聞いてください。子どもたちの言葉に隠れている心の声に耳を傾けてください。それだけで救われる人はたくさんいます。

ポム（18歳・女性・大阪府）家 声

親が脅しで「大切なものを捨てる」や「家を追い出す」などと言うのをやめてほしい。冗談のつもりで言っているのだろうが、それが原因で精神が壊れてしまうかもしれないのだから。

かぎかっこのなかに書いてあることを私は本当に親に言われました。一度家を追い出されたこともあります。それが原因で、私の精神は壊れました。そのような人がもっと減ってほしいという切実な願いです。

みず（11歳・女性・愛知県）家

やりたいことを黙ってしっかりと聞いてほしい。軽視しないでほしい。意思を尊重してほしい。

幼い頃から親の言うことに従ってきた。それが当たり前だった。やりたくなかった中学受験もやった。しかし、たくさんの物語や人に触れて、ふと自分について考える瞬間、今までずっと流されてきて、今まで貫いていることなんてひとつもない。そんな自分が嫌になった。

私は、中学受験の時に、小6になってから成績が良かったので、ひとつ上のクラスに上がれると言われた。最難関を目指す人たちがいるそのクラスに上がれるのだ。嬉しかった。はじめて上を目指そうと自分から思った。しかし、家に帰って親に相談すると、ダメだと言われた。今のクラスでついていけていないのなら、どうせ無理だということだった。結局は公立の中高一貫校への進学が決まった。

また、中学へ入り、バスケットボール部に入部した。これも、自分からだ。やはり、これもうまくなりたいと思い、親にクラブチームに入りたいと言った。軽く流された。それどころか、今通わされている学習塾をやめ、もっと難しい学習塾へ行くことを強制されはじめた。

私は、他の兄妹より父に愛されているらしい。よく親の言うことを聞くからだそうだ。でも、父も母も機嫌が悪いと罵詈雑言《ばりぞうごん》を浴びせてくる。そんな時、本当に誰もいないところで泣いてしまう。父や母を優しい、人格者と思い込んでいた自分が嫌でたまらなくなる。父や母に養ってもらっている自分が嫌でたまらなくなる。なんなら死にたくなる。

また、兄は本気で勉強をさせてもらって、日本トップの難関中高一貫校へ入学。妹は身長が高いという理由で本気でスポーツをさせてもらっている。私はと言えば、家に帰ってからは、洗い物や洗濯物など、ご飯を食べ終えて洗い物が終わるまで、宿題や遊びができる自分の時間がない。また、スポーツ用品メーカーの福袋を父が買ってきた時も、私には何ひとつ中身をくれなかった。私にだってやりたいことはあるし、言いたいことはある。否定せずに理解してほしい。


ぶー（14歳・女性・京都府） 家 自

★

家族が元通りになってほしい。些細なことで家族がケンカして以来、まともに顔を合わせることがなくなり、雰囲気も悪くなった。母や祖母は「気にしないでいいから、高校生活や勉強に集中してね」と言うけど、より気になってしまい集中できないし、都会にいる兄や姉もその状況を知ってしまったら、兄や姉にも迷惑をかけるかもしれない。

ケンカとかするのは、勝手にしていいけど、そこにいる子どもや若者のことを考えてほしい。巻き込まないでほしい。家庭での大人は勝手に対立とか起きて、そのまま和解することなく、悪い空気をつくって、その際、立場の弱い子どものことを考えてくれないことが多く、大人の勝手な都合で自分たちを巻き込んで、自分たちを苦しめて、つらくさせるのを知ってほしいから。

早瀬（15歳・男性・福島県）家

すべての家庭の両親が仲良くしてほしい。私の両親は、数年前に仲が悪くなってしまいました。両親は、大人の部類だと見られているのかもしれない私に、お互いの悪口を言ったり、相談をしたりしてきます。

はじめは、「私の案で両親の仲が良くなるのなら」と思い、一生懸命相談に乗っていました。しかし、仲が直るわけもなく、いつしかそれは、私のストレスに変わっていきました。

この願いは実現することはとても難しいと思います。でも、大好きなお父さん、お母さんだからこそ、子どもにとってはお互いの悪口は聞きたくありません。それが届けばいいなと思って、この願いにしました。

すなっぷ（14歳・女性・岡山県）家

私は親との価値観の違いに苦しんでいます。私は、女性はこうあるべき、という価値観は押し付けられるべきではないと思っています。幼い頃は親の言うことをそのまま信じていましたが、成長するにつれておかしいのではないかと思うようになりました。

母は25歳までに結婚しろと常々言います。理由は楽だから。たしかに結婚してしまえば楽かもしれない。でも、私は自分の手で未来を切りひらきたいと思っています。

母がなぜこのように言うか考えてみました。すると、祖母も同じ考えであることが思い当たりました。結婚し、子どもを産むことが女性の幸せだというのはもう古い、そう思います。女性でも、男性と同じように輝きたい、そう強く希求します。

まりあ（14歳・女性・東京都）家声

………………………☆

血縁というだけで関わる人がいなくなってほしい。親は子を育てることが血縁によるものではなく、愛情に由来するものであってほしい。子が親を扶養するのは、子から親への愛によるものであってほしい。子を産むなら、性交の結果で産むのではなく、育てるという愛と覚悟の結果であってほしい。

血縁による関係は、ある種契約のようなものであり、子を育てることに義務感のようなものが生まれ、それは必ずどこかで契約を不履行したくなるから。また、子への愛がない育児の結果は、ネグレクトや虐待などが予想されるから。また子が親を扶養するのは、親も歳で認知症が進行していることが多く、本人が知覚しないため扶養はかなりつらく、親に「恩返しだと思え」と言われても、子自身にその気持ちがなければまた契約の不履行が起こるから。

それと、日本の景気がもう少し良くなってほしい。高度経済成長期までみたいなことはまったく望まないから、もう少し雇用者に好景気の恩恵があるくらいには景気が良くなってほしい。増税は15歳でもわかるくらいにはつらい。自分はまだ働いていないから、消費税と物価くらいでしか実際に高くなったなと思うことはないけれども、就職して働くとなると、給料から差し引かれる税金と生活に関わる税金、光熱費、ガス、水道、家賃などで、実際使える金がとても少なく、満足な生活がみなできるとは到底思えないから。

シモン（15歳・男性・青森県）家 金

また家族4人で笑ってご飯を食べることが私の願いです。すごく個人的な内容になってしまいましたが、私はここ3、4年家族全員で、笑顔で食事をした記憶がありません。もしかしたら、もっと前からないかもしれないです。

親同士すごく仲が悪いわけでもなく、ただ、両方から互いの愚痴を聞かされているくらいです。母親は弟に対して甘いことが多く、私とはよくケンカしてます。弟の勉強にはつきっきりで、私が話しかけても無視されることがほとんどです。母親に話しかけられるのは怒られる時か、父親の愚痴を聞かされる時だけです。

私は、母親がいつ何を食べているかを知りません。夜ご飯を食べる場所は、私と父親が父親の部屋、弟と母親がリビングです。それに母親は私たち家族と同じものを食べていません。私や父親が作った料理は「私は食べないから」と言います。それくらいに家族がバラバラになっているように感じます。

私が産まれる前から母親は男の子がほしかったそうです。それに弟が産まれる時は、出産予定日よりも1、2ヵ月ほど早く、母親も弟も亡くなってもおかしくない状況だったそうです。それなら弟に甘くなるのもわかります。それがわかっていても、嫌だと感じてしまいます。

私のなかの母親との記憶には小中学生の時に「死ねば？」「消えて」「気持ち悪い」「声、聞きたくないからどっかいって」などという言葉が残っています。褒められた覚えもないし、楽しく話した記憶も今はもうほぼないに等しいです。

でも、母親のことは嫌いじゃないです。弟以外の3人で出かけた時は「楽しい」と感じることが多いからです。弟にいなくなってほしいということではなく、母親のことを最後まで嫌いになれないんです。だから、いつかまた小さかった頃みたいに笑顔で食事ができたら私はそれだけで幸せだと思います。

あい。（16歳・女性・北海道）家

普通に褒めてほしい。自分と他人を比べないでほしい。

がんばって勉強して、そこそこいい成績でも、姉の成績に届かない。私は親に褒めてほしいだけなのに……。比べられて、褒めてくれない。なんで姉のようにできないんだ、と言われる。私だってがんばってるのに……。普通にがんばったね！　って言ってほしい、から。

さつき（12歳・無回答・群馬県）家

親を変えて赤ちゃんからやり直したい。こんなこと言っちゃダメだろうけど、親といるのがしんどい。

幼稚園児の時からすごく厳しく育てられて、父親の仕事でいろいろあって、機嫌が悪い日は何もしてないのにすごく怒られて、歯向かうと暴力をふるったり、家を1日くらい追い出されたりした。

母親も、それほどひどくなければ止めない。そのせいで、まず人の顔色をうかがうようになってしまった。父親に怒られないように。

小学3年生では、結構キツイいじめにあった。いじめをしているのは、親友だと思ってた子だった。その時、誰にも相談できなくて毎晩泣いた。いじめがあって以降、私は友だちに無意識のうちに嫌われないようにがんばった。また、遠くで言っている悪口などが、たくさん聞こえてしまうようになった（地獄耳になった)。
　全部の原因が親ではないけれど、幼稚園児の時の行動は、私のトラウマになっている。だから、親を変えたいと思ってしまう。遠くで言っている悪口が聞こえてしまう私が嫌だ。私なんか、なんで生まれてきたんだろう。ポジティブ思考でいられたらどんなにいいか。一から人生をやり直したい……。

読書大好きさん。(12歳・無回答・群馬県) 家

　テストの結果を他人と比べないでほしい。がんばって勉強しても思い通りにならないことがある。よそはよそ、うちはうちと言うのに、がんばって勉強しても親に結果を見せると「ちゃんと勉強したの?」「もっとできたはず」「あそこのおうちの○○ちゃんは、もっとできてるのに」と言われ、泣きたくなる。そんなことが続いて、死のうとしたことだってある。こんな世の中だいっきらい。お願いだから普段の私を見て。お願いだから比べないで。

きゅうり(14歳・女性・栃木県) 家 自

　いきなり怒鳴るのをやめてほしい。私の父の話です。私の父はいきなり大きな声で叱る人です。私が悪いのはわかってるけど、いきなり大きい声で叱れるとやっぱり怖いです。叱る時以外は優しいです。いっぱい気遣ってくれてます。すごく優しいです。私がいけないことをするとすごく大きな声で叱ってくれます。テストで赤点とったり、自分を切っちゃったり、学校行けなくなったり、片付けができなかったり……その他諸々。
　いっぱい大きい声を出して叱ってくれます。それはすごくありがたいことだとわかってます。でも、私は大きい声が苦手です。クラスがうるさかったり、先生が他の子を叱る声も苦手です。だから、父が叱ってくれる時はすごく怖いです。大きい声で、いっぱ

い注意されて、自分への嫌悪感と父の声に対する怖い気持ちでいっぱいになります。私が悪いんだってわかってるけど、改善ができないんです。どうしたらいいかもわかってるけど体が動かない。いざやろうとすると思考が止まってしまうんです。そんな私だから父にまた叱られます。それでまた嫌悪感と怖い気持ちでいっぱいになって、またできなくて、叱られて……。悪循環です。

病院にも行きました。ＡＤＨＤ（※）と自閉スペクトラム症（※）って言われました。その時に父は、怒鳴ってしまうとうまく伝わらないことがある、みたいなことを先生に言われたみたいです。そこで父は、「怒鳴ってない。大きな声を出しているだけ」と言ったそうです。今まで怒鳴ってるって思ってた私も、叱ってくれてる、私のために喉に大きな負担をかけてまで私に指導をしてくれてる、と思うようにしました。

でも、私にとってはすごく怖いことです。大きな声で叱られてると、いつか殴られるんじゃないかってずっとビクビクしてます。でも、もし殴られたら自分が悪かったからって思うと思います。言葉で伝わらないなら体で教え込まないと私はわからないので。昨日も、私の否定的な言い方がイラッとくるって叱ってくれました。その前も、私の期末テストの結果が１教科赤点だった時、ちゃんとやれよって叱ってくれました。その前も、私が自分を切った時、「そんなことするなら刃物を没収する。二度と切るな」って私を気遣って叱ってくれました。

私は、叱られても注意してくれてありがとうって思わなくちゃいけないのに、ずっと思えません。叱られている時、ずっと体が震えちゃって頭も回りません。しばらく何も考えられなくて、でも反射的にごめんなさい、すみません、は出てくるんです。

私の大好きなことは父があまり好まないので、イベントとかにも行きたいって言えません。父に叱られてしまうから。父に叱らせてしまうのはいけないことです。自分から叱られにいくのはよくないです。友だちにも言えません。まずこんなことを言える友だちがいません。

ずっとひとりで考えました。やっぱり私は怒鳴られてるんだなって、思考がおかしくなってると思いました。どんどん侵食されていってる気がします。大きな声で叱られるのはやっぱり嫌です。でも、父は悪気がないんです。「大きな声を出しているだけ」。だったら、私が悪いって思うしかないじゃないですか。私が100%悪いから、父はつい大きな声で叱ってしまう。そう思うしかやってられません。私はおかしいでしょうか……。

海月（15歳・女性・埼玉県） 家 障

※ＡＤＨＤ　注意欠如・多動症、注意欠如・多動性障害。年齢あるいは発達に比べて注意力が足りない、衝動的で落ち着きがないといった特性があるために日常生活に支障をきたしている状態のこと。

※自閉スペクトラム症　ＡＳＤと略されることも。人とのコミュニケーションが苦手、物事に強いこだわりがあるといった特徴をもつ発達障害のひとつ。

……………………………

親が怒りながら、叱るのをやめてほしい!!　親が物事に対して注意を促すことが多々あるのですが、毎回のように怒りながら注意されます。

例えば、部屋着を反対に着てしまった場合には不機嫌そうに怒鳴られました。外に着て行って恥をさらしたのならまだしも、それは違うのでは？　と感じますし、頭ごなしに叱られてるようで嫌な気持ちになります……。お風呂掃除担当でもないのに父に「お風呂掃除はまだか？」と頭ごなしに叱られました。そもそもその日は、母と話して自分はやらない日でしたし、母もそれは知ってます。その訳を話しても怒鳴り散らかされ、本当に嫌な気持ちになります……。せめて、しっかり話を聞いて不機嫌に怒鳴るのではなく、普通に話してほしいです……。以上が理由です……。

そらから餅が来た（15歳・無回答・千葉県）家

大人、具体的には親たちにだが、挑戦と努力による失敗を非難しないでほしい。そして、挑戦と努力を褒めてほしい。

ずっと、ずっとずっと自分のすることが非難されてしまったら、何もやる気が起きなくなってしまう。失敗を責められてしまったら、自分は何もできないと錯覚してしまう。挑戦による失敗に怯えてしまったら何も進めなくなる。努力を非難されると、やってきたことが無駄に思えてしまう。それを純粋な子どもに刷り込ませてしまったら、何もできなくなってしまう。いずれは自分の考えを放棄してしまう。

だから、努力による失敗を責めるのではなくて努力そのものを褒めてほしい。結果によって提示された数字で褒めるより、挑戦そのものを褒めてほしいと私は親たちに願っている。

29番（16歳・女性・京都府）家 自

安心して帰ることができる〝居場所〟がほしい。親が自分の〝当たり前〟を子どもに当てはめようとしてくる人で、完璧を求めてきたり、自分がおかしいと思ったり、少しでも変だと思ったら全否定して厳禁したりする人だったので……。

都合のいい子どもじゃなかった僕は、親にとっては目の上のたんこぶみたいなもので、僕が親に反抗するとよく殴られたりしました……汗。今はあまりないのですが、そういうことばっかりあったので、家に帰ること自体が苦痛になってしまっています。心から安心して帰れる居場所がほしいです……。

リオ（16歳・わからないです・愛知県）家

「幸せな家庭」を決めつけないでほしい。外食ができるから、塾に行かせてくれるから、私立の学校に通えてるから、幸せな家庭ではない。
例えば「いい親」を演じてるつもりの親は子どもの意見なんて聞かない。外からの見栄えだけが大切。だから、はたから見たら幸せだけど、実際は親に押しつぶされてるだけ。どうか間違えないで……。本当は違うかもしれないって思ってほしい。

たまちゃん（18歳・女性・神奈川県）家 声

家族みんな仲良しで、お金にも困らないで、何不自由なく子供時代を過ごしたかった。自分よりもっと恵まれない人だってどこにでもいるだろうけど、それでも自分も家族の話を笑って誰かにしてみたかった。小さい時から家でいろいろなことがあったので「家族」という言葉そのものに苦手意識ができてしまった。

一緒に暮らしている誰のことも好きになれない。家に居場所がない。小学生の頃からの親友は家族ととても仲が良くて、親友の家族の話を聞くたびにどうして自分はこうじゃないのだろうとうらやましくなってしまって、そんな自分も嫌だ。

シマ（18歳・無回答・千葉県）家

私は、ヤングケアラーで、みんなとは違う生活を送り、日常を描いています。友だちから遊びに誘われても一緒に遊びには行けず……。何かといえば、母は病気、兄は歩行障害。父は小さい頃に亡くなり、私ひとりで生活を立てていかなければ、母と兄は死んでしまいます。そんな憂鬱《ゆううつ》な日々を送りながら、誰にも頼れることはなく、ひとりで過ごしています。
朝は早く起き、朝ご飯を作り、母と兄にご飯を食べさせ、自分はご飯を食べず、急いで登校し、遅刻寸前。下校後は家に帰り、母や兄のご飯を作ったり、お風呂で母と兄を洗ったり……。学校の勉強は、少ししかできず、結局寝るのは3時くらい。そんな生活をしています。

　ヤングケアラーはみんな、私のようなつらい生活をしていると思います。幸せを平等に分け、みんなが楽しく暮らせるように、幸せな社会を切りひらいてください。

みんなとは違う高校生。（17歳・女性・東京都）家

Chapter 3 学校・会社・人間関係

友だちや先生との関係、いじめの問題、理不尽な風潮や、成績にまつわる悩みごと。集団生活での生きづらさが、子どもたちを追い詰めていく。

学校で自由にペアを組んで……的なのをやめてほしいです。仲が良くてもその人には自分よりももっと仲のいい人がいます。お互いに一番！　っていう人がいません。気まずいです。

なんでひとりとしての個人としてではなく、学校やクラス、同年代の人など大人数でひっくるめて見てくるんですか？　そんなことを疑問に思って言うと、君たちのことをあまり知らない人は全体として見てくるんだよ、と言ってきました。実際にはどうですか？　悪いことをした人がいるのならばその人だけにフォーカスを当てるべきなのではないでしょうか。何も知らない人、何もしていない人が一緒となって悪く見られてしまうのはおかしいと思う。

ほのか（15歳・女性・兵庫県）学

気軽になんでも相談できる人がほしい。私はあまり人と話すことが得意ではありません。だから、親しい友だちも少なく、よく人間関係でのトラブルが起こっています。その際に学校の先生や家族に相談すると、私は人と話すことが苦手なので、伝えたいことがしっかり伝わらず、私の考えを否定されてしまいます。

学校の先生には、カウンセリングをすすめられましたが、人と話すことが苦手なので、受けませんでした。今の私には、信用できる友だちや先生、気軽に話せる人がいません。信用できる友だちや先生をつくろうとしても、すぐに裏切られてしまいます。だから、本当に気軽になんでも相談できる人がほしいと思っています。

必要以上に規制が多いと思うので、できれば少し少なくしてほしい。学校や家で、これをするな!!　あれをするな!!　とたくさん注意を受けることがあります。言う側からすると、心配して言ってくれているということはわかります。ですが、言われる側からすると、自分がいいと思っているから、いいのではないかと思っています。なので、少しは決まりを少なくしてもいいと思います。

さくく（16歳・女性・福岡県）学

早く大人になりたい。学生だとできることが限られるし、働くこともできないと自由に使えるお金も得られない。教室移動や3m先にあるトイレにすら誰かと一緒に行かないと浮くような風潮が嫌だ。大人のように特定の誰かと仲良くしなくても済む、フラットな人間関係を築きたいから。

私たちに古い価値観を押し付けないでほしい。昭和の根性論を今でも押し付けようとしてくる人や、若者のカルチャーを馬鹿にするような人、もう令和なのにいまだに歩きタバコをしてる人とか時代錯誤なことは本当にやめてほしい。

まんぼう（16歳・女性・静岡県）学 声

みんながそうなるのは難しいかもしれないし、人それぞれだから仕方ないことはあるかもしれないけど、もっと人の気持ちを思って言動できる人が増えた世の中になってほしい。

仲が良くて信頼してた友だちから、話すたびに自分の悪口を言われたことがとてもつらくて、これから自分は何をもって人のことを信じたらいいのかわからなくなったから。他に信頼できる人はいるから、まだ割り切ることはできるけど、平気で人の心を傷つける人がいることが悲しい。

あと時々、学校の先生に教師である前に、まず人としてその態度はどうなのかと思うことがある。教師だからって偉そうにしてるのが、こちら側を下に見てるように思えて腹立たしいし、それに傷ついてる人がいるのが嫌だ。

人のことを平気で傷つけないでほしいし、もっと私たち若い世代の意見も聞いてほしい。大人でも平気で人を傷つけるのは見てて情けない。いきすぎた冗談が人を傷つけることだってあるし、それを見ても誰もいい気持ちにならないから。教師なら行動を叱るのはまだしも、人格まで否定してくると本当につらい。みんながみんな、そうではないことはわかってるし、もちろん人の気持ちを考えられる人はいるけど、悪い人が目立つことが嫌だ。

なるお（17歳・女性・広島県）学

みんなの個性が目に見えるような、自分の個性がしっかりとのびのびと表せるような学校生活を送りたい！　ピアスや髪染め、制服の着方など外見が周りより違うだけで人の中身の善悪の判断をしないでほしい。私は、そういったことは自分を表すうえで、ファッションのひとつだと思っています。しかし、これは校則違反となり直されます。にもかかわらず、いざ就職の面接などでは自分の個性が求められ、いざ周りと違う個性を探そうとした時に悩みます。自分は生徒会だからと、生徒の模範となるようにピアスの穴を塞げやら、制服を正せなど、外見が違うだけで中身は変わりません。礼儀を知り、仕事をしっかりやっています。外見が派手でも礼儀と仕事ができていればいいのではないでしょうか？

私たちの意見を聞かずに勝手に決めないで！　振り回さないで！　話の輪に私たちの席も置いてほしい。大人の都合だけで、私たちの私生活が振り回されているように思う。子どもだからとか、まだ未成年だからといって勝手に未熟扱いをして、話し合いにすら参加させてもらえず、私たちの声が届かない。

はたけ（17歳・女性・青森県）学

いじめがなくなってほしい。僕は生きてる人間だよ。先輩からお金を脅し取られた。回数が続きお金もなくなり、断ると暴力をふるわれた。

毎日いじめる先輩を刺してやりたいと思う自分がいる。スタンガンを買って準備した僕がいる。先生も生徒も人間じゃない。なぜ、気づいて助けてくれないのか。見て見ぬふり。終わってる。


もがいてる（13歳・男性・岐阜県） 学 い

何げないひと言で相手が一生傷つくことを理解して発言してほしい。

私は小さい時から周りから馬鹿にされることが多かった。低学年の時は、賞を獲るくらい絵を描くのが得意でイラストレーターになりたいと思って毎日学校で描いていたが、先生やクラスメイトから「へたくそ」「他の子のほうがうまい」「イラストレーターとか絶対なれないよ！」と毎日散々言われ、急に絵が描けなくなってしまった。

また、高学年になってもうまく発音ができなかった私は「赤ちゃんみたい」とからかわれたり、音読発表会のあとに「あんたの発音が悪いせいで台無し！」とクラスの複数の女子から責められたりした。

中学に入ってからも明るかった性格が気に入らない人もいて、「うるさい」「声でかい」「しゃべるな」「一生黙れ」と言われ続けた結果、うまくしゃべることができなくなり、暗い性格になってしまった。

あと、生まれつき肌荒れしやすかったので「肌、汚な！」「ブツブツだね」「ニキビ女」と言われたり……。うまく表情がつくれないせいで「なんでそんな顔するの？」「その顔、馬鹿にしてるよね？」「笑い方おかしい」と言われてからトラウマでマスクも手放せなくなった。こんなふうに悩んでいる時に母から「そんなの暇人が暇つぶしに言いたいだけだから、ほっといたらいい。真面目に受けたらあかん」って言われた時は少し救われた気がした。

高校でもつらいことはあったけど、先生や友だちから「気にかけてくれてありがとう」とか「しゃべったら面白いやん」と言ってくれたり、挿絵を描く時に「絵、上手だよね。うらやましい」とかマスクを少し外した時に「笑顔が似合うね」という言葉で救われたりもした。

人が言ったことをなんでも真摯に受け止めてはいけないなと思い、大学生になったら高校の先生になる夢と並行して、もう一度イラストを独学で勉強したいと考えているし、今はマスクを外したり、明るく話す練習をしたりしている。

最近、SNSでは誹謗中傷が多く、顔出ししただけで「顔キモイ」「ブス」と書き込んだり、芸能人に対して「芸能界やめろ」とか「死ね」とか書き込んだりしている人も多い。なんでも冗談で済むとか、言われている人にも問題があるだとか言っている人もいるが、そのひと言でいつものことができなくなったり、心の病気になったり、最悪の場合は自殺してしまう人がいることを忘れないでほしい。そういうことにならないためにもそのひと言で相手がどう思うか考えてから話してほしい。

るなるな（18歳・女性・兵庫県）学

高校・大学を国公立・私立関係なく、家庭の所得に関係なく、無償化してほしい。高校受験で運よく私立では奨学金の対象者になれた。この春、公立高校に受かったので、それを使うことはなくなった。しかし、この出来事が約3年後の大学受験でまた起こるとは限らない。

親には「お金には気を使わないで。私立に行きたいんやったら、行ってもええねんで」と、すべり止めの私立高校を受験した時に言われた。本命が公立だったこともあるけど、そんなきれいごとでは済まないと思った。家の所得は、ギリギリ「高校無償化」「国の教育ローン」の所得制限のラインを超えて、受給も借金もできなくなったし、他の奨学金の受給条件は厳しいし……。
　公立高校に受かった時は、受かったことより「家の家計を守った」という気持ちが強かった。でも、この思いを大学受験の時もしなければならないのか。心のなかで「高校生活を満喫して、勉強もそれなりにがんばって、行きたい大学に入りたい」「高校受験の時みたいに、家のヒーローになるんだ」という2つの気持ちがせめぎあっている。頭がおかしくなりそうだ。実際、頭がおかしくなって、夏休みに死にたいと思ったことがある。国公立でも私立でも、大学に進学しないと、社会人として見てもらえなくなるから。本当に、どうにかしてほしい。これだから、少子化が進むんだ。ていうか、なんで自分の勉強が親の所得に影響されるの？　今のままだと本当につらいです。

ＪＫになったよ（15歳・女性・兵庫県）学 進 金

　大人な心をもちたい。私は、今年高1になります。でも、心が幼いと感じます。静かにひとりでいる時は、そんなのはバレないのですが、誰か人と一緒になると、小6並みに幼いのがバレます。それがつらいです。考えることは高1なのに、行動が無意識的に幼くなってしまうのが、本当につらい。それで前に、発達障害かもしれないと本気で思って病みました。どうすればいいんだろう。

ブルーなＫ（15歳・女性・兵庫県）学 自

　学校に行かなきゃいけないみたいに、なかば義務みたいなものを減らすべき。そのなかば義務みたいなものをこなせなくなるくらいに追い詰められたら、社会的にその人は死んでしまうから。

Ｋｍ（16歳・男性・埼玉県）学

いじめられっ子に逃げさせるのではなく、いじめっ子を隔離する世界にしてほしい。逃げることにはリスクが伴って、人生の何かが犠牲になってしまうし、何も悪くない人がリスクを負いながらメンタルケアをしたりして逃げるのはおかしい。いじめが起きたなら、いじめられっ子をケアしたり隔離したりするのではなくて、いじめっ子をケアして隔離してほしい。

しゃぼんととうふ（13歳・女性・茨城県）学 い

　学校では講義形式が当たり前ですが、私は先生の話を聞くより教科書で読んだほうがよく理解できる。そう思って授業中に教科書や参考書を読んでいると、学校の教師は授業を聞けという。

　人によって合う、合わないがあるのに、講義を強制されると、結局講義形式が合う人が勝つ。それってておかしくないですか。それが当たり前だという学校教師の固定観念がなくなってほしい。

しほほん（18歳・女性・東京都）学

　学校生活などを送っていると他人の目を気にして自分らしく過ごせていません。実際に、本当の気持ちを伝えて陰で愚痴を言われてしまいました。自分のためではなく、友だちのために生活しているみたいできつくなります。十人十色を受け入れてくれる環境が整ったらもっと楽しくなると思います。

　それと、日本経済をより良くしてほしい。物価は上がっているのに給料は上がらないと苦しんでいる親を見ていると、働く意味がわからなくなってしまいます。日本をより良くするための労働が逆に苦しめているように見えます。自分の生活だけで精一杯の人が増えているとニュースで知りました。このままだと少子化も止まらないと思います。

りん（17歳・性・福岡県）学 政

いじめという言葉をなくしたいです。いじめって言葉があるから、みんな簡単に「いじめ」をするんだと思います。

殴られたり、痛いことをされたら傷害罪だし、物を隠されたりしたら窃盗罪、死ねという言葉は恫喝罪だし、金を持ってこいは恐喝罪。いじめは罪という認識をもたないと、なくならないと思うので。

そして、いじめられた側が逃げるのではなく、いじめた側が罰として学校に来られないように転校や矯正施設に入ればいいと思う。何をしたらいけないのかの徹底的な教育や、軽犯罪を犯した、いわゆるいじめた側の矯正施設を造ってほしいです。

大人が動いてくれないと、子どもだけではできることがあまりにも少なすぎるので本気になって考えてほしいです。

ひーまー（15歳・女性・静岡県）学 い

学校での競い合いをなくしてほしい。テストの点数、授業中に発言した回数、身体測定の記録など、さまざまな場面で友だちとの差が開いてしまった。そのたびに落ち込み、だんだんと不登校になってしまったので、そういう競い合いをなくし、力の差があっても関係なく普通に過ごしたいから。

りん（15歳・女性・宮城県）学 不

なんでも他人と比べることはおかしいと思えるような社会になってほしい。テストや模試では順位で比べ、成績は評定で比べ、なんでもかんでも他人と比べる人が周りにいると、自分が自分でなくなっていくように感じる。

正直なところ、順位が当然のように出るテストの必要性がわからない。「比べろ」と言われているように感じてしまう。自分たちが生きやすくあるためにも、比べることが当たり前に行われない社会になってほしいと願う。
そして、大人は子どもの手本であってほしい。例えば、中学生・高校生が電車で騒ぐと、学校に苦情が入る。通学路でうるさくしてしまった場合も同様だ。しかし、酔っぱらいがいくら電車で騒いでも、私たちはどうすることもできないし、迷惑だと思っても避けるしかない。これはとてもおかしいと思う。子どもは成長すると大人になる、それは当然のようなことなのに、子どもでは許されなかったことが大人では許されるなんて、不平等なのではないかと思ってしまう。

ほし（16歳・女性・滋賀県）学

「友だち」の具体的な定義を教えてほしい。引っ越しや進学による人間関係のリセットや、自分の失敗のせいで仲の良かった人と疎遠になってしまった経験などから、「友だち」とはなんなのかがわからなくなり、「友だちだと思っているのは自分だけだったら」「自分は友だちだと思っていても、向こうからは迷惑に思われていたりしないだろうか」と心配になってしまったから。

それと、なぜ進学することが前提で物事を進めるのか？　進学することだけが本当に「良い」ことなのか？　なぜ進学しないことは「悪い」のか？　なぜ人を「学歴」や「資格」で判断するのか？「多様性」を重視するなら進学の意思や学歴や資格などはたいした問題ではないはずなのに、どうしてそれに固執するのか？　言動が矛盾していることに自覚はあるのか……？　教えてほしい。

もともと自分にはたいした夢がなかった。「義務教育だから」という理由で中学までの勉強は無理やり自分を納得させていたが、中1の時から「義務でないのなら、なぜみんな自分を高校に進学させることにこだわるのか」という疑問を抱いてきた。「多様性」とか言うなら、高学歴だろうが低学歴だろうが実力と情熱さえあればいいのではないかとも思う。

中学時代も、行きたい高校なんてとくになかったし、今も行きたい大学なんてとくにない。中学時代はうまく言いくるめられた結果、興味もない「高校受験」という地獄を見せられたし、今目指す声優にも大学なんてたいして関係ないのに、大学に進学しろとみんなが言う。それが本当に「多様性」を考えた末の結果なのかと疑問に思う。


その辺にいる人（17歳・男性・千葉県）学 進

日本に帰りたいです。私は3年くらい前に父の仕事の都合で、アメリカに引っ越してきました。来たばかりの時は、日本の友だちが恋しくてたまりませんでした。それから3年経った今、ここでは中学生になったのですが、そのクラスが最悪です。不良しかいなくて、物を取られるなど、嫌なことをされます。でも先生も助けてくれません。

あともう少しで日本に帰れるのですが、そのために勉強もたくさんしなきゃいけないし、耐えられません。私の学校の先生たちは誰も私を助けてくれないから。

えな（12歳・女性・海外在住）学

授業内のみで学習内容が理解・定着できるような、質のいい授業を全教科で受けたい。平日は学校で多くの時間を勉強に使っているのに、少ない学校外で過ごせる時間までも宿題や予習復習に使わなければならないのはつらい。なぜ宿題や予習復習をしなければならないのだろうか。

私は、宿題がたくさん出るのは授業中に学習内容を定着させるための演習が十分できていないからで、予習復習が必要なのは授業内で学習内容の理解ができないからだろうと考える。つまり、児童・生徒・学生全員が学習内容を理解でき、十分な演習もできる授業が全教科で行われれば宿題や予習復習は不要だろう。実際にはこのようにうまくはいかないとは思うが、授業を改善することにより、宿題や予習復習に必要な時間は減らせる。その分の時間はそれぞれの趣味や資格取得のための勉強に使うことができ、より有意義に時間を使える。

リリ（16歳・無回答・愛知県）学

★

すべての子どもが教育を受ける権利に加えて、すべての子どもが平等に質の高い教育を受けられることを願います。先生によって授業の質が違うことは、生徒の意欲や知識に影響すると思うからです。

小学生、中学生は義務教育ですべての子どもに教育を受ける権利があると授業で学びました。しかし、先生によっては、教科書に書いてあることだけをひたすら言うだけの授業、入試や将来に向けて先生自身の経験談を入れつつ、しっかり頭に残る授業、などさまざまです。あの先生ならもっとわかりやすいのに、など質に差があるのは、先生を選べない私たちにとって、どうしようもないことです。

わかりやすい授業や主体的に考えること中心の授業だと、疑問が生まれて、自分から進んで勉強をする生徒が増え心も成長していくと思います。

すもも（16歳・女性・広島県）学

☆

先生や友だち、親に気軽に相談したい。学校でも相談できる時間は設けられているのですが、私は、ひとりの大人といると誰かは関係なく涙が出てきます。「相談してもいいんだよ」と言われても、喉がつっかえて涙が出てきて、言いたいことがあっても言えません。

先生や親は、相談したら適切な答えを出してくれるはずだし、言ったほうが心も楽だと思います。でも、相談しなきゃいけないという気持ちになってしまい、結局相談できません。

ゆか（13歳・女性・千葉県）学 自

障がいを「恥」としない、また、「自分らしく生きる」世界になってほしい。私は「きょうだい児」で、姉に身体・知的障害があります。そのことは、私にとって「普通」で、何もおかしいことなんてありません。

でも、ある時、母に内緒で友だちを家に呼んだ時に、あとあと知った母に怒られてしまいました。なぜ怒ったのか理由を聞くと、怒った理由のひとつとして、姉のトイレ事情を見られるのが恥ずかしかった、というのがありました。その理由について、私は内心首を傾げました。私にとってそれが「普通」なのに、どこが「恥ずかしい」のか、わからなかったからです。

母と仲直りしてからよく考えてみました。その結論として、母は、姉を社会の中傷の目から守りたかったのではないか、となりました。そう思ったら、「ああ、なんてひどいことをしてしまったのだろう」と、私は自分が許せなくなって、母にただただ申し訳なくなって、布団のなかで静かに泣きました。

話は変わりますが、私は学校生活に悩みがあります。その悩みというのは、Sという子とTという子についてです。SとTは言い方が強くて「2人でいれば最強」というような子たちでした。その2人は、私と仲がいい子たち……なのですが、私はその子たちがあまり好きではありませんでした。SとTは転校生を悪く言ったり、他の子と帰ろうとする私を強い言葉を投げかけて引き止め、さらに強い言葉で私の心をえぐったり、私と仲のいいRや私に愚痴を言ったりしています。

私は、正直つらい気持ちになりました。なぜ私に話すのか、わかりませんでした。何かと揉めると私のところに来て、アドバイスをもらおうとするし、私を巻き込んだりするのです。正直ストレスです。また、その子たちは、お互いのいないところでお互いの悪口を言っているのです。いわば2人は仲良しごっこをしているようで、見ているこちらがしんどいのです。

本当の自分をさらけ出すのは難しいけれど、本音が言い合えないと、本当の友だちだとは言えないと思うのです。

くれよん（12歳・女性・大阪府）学 家 障

友だちがたくさんできてほしい。学校に行くとさみしくないから。

ネコ（11歳・男性・兵庫県）学

「あなたは賢いから……」「優等生」って言わないで。私は、中学年の頃までは成績が良かった。昔は成績がクラスで1番とか2番だったから、「あなたは賢い」とか「優等生」って言われたら、正直嬉しかった。でも、今は違う。私よりも上の人がたくさんいる。私なりに努力もしてるし、すごいがんばってるんだよ。でも、やっぱりどうしても上の人を超えられない。それなのに、「賢い」「優等生」って今の私と逆のこと言われたら、胸が痛いよ。良かれと思って言ってるのかもしれないけど、それは全然嬉しくない。私の本当の気持ち、もっと大事にして。

イチゴミルク（12歳・女性・兵庫県）学

外見でいじめを受ける人がいなくなってほしい。チビなどと、身長が低いこと、変えられようのないことでいじめを受けていたことがあるから。

餅（13歳・女性・岐阜県）学 い

中高生への理解を深めること。私まだ中1だけど、思うことは、大人が勝手に自分の気持ちを決めつけてくること、気持ちとか価値観って人それぞれ違うのに、わかりきったような口ぶりでなんでも物事を進めることが嫌です。

　青春とかって今この時期でしかなくて、この時期じゃないとやれないこととか、この時期じゃないと伝えられない気持ちとかがあるのに押し付けてくるとか、決めつけてくるとかが嫌で。でも、いくら伝えてもわかってくれなくて。だから、放任主義じゃないけど、自由度が高い学校っていうか、生徒の意見を尊重してくれるような学校や社会になってほしいです。

なみなみ（13歳・女性・北海道）学

　自分に合ったやり方で授業を受けたい。みな、勉強のやりたい方法が違うから。「私は理解するのに時間がかかるから、ゆっくり学びたい」「僕は勉強が好きだから、もっともっと詳しく学びたい」「コミュニケーションをとりながら勉強をしたい」「ひとりで勉強したい」とか、自分に合った勉強法があるから、今の授業だと個人差が出てしまうと思った。

　私は勉強が苦手で、雑音が入ったりすると集中できなくなったり、じっと座って授業を受けることがきつかったり、いっぺんにたくさん進めてしまうと頭のなかで整理ができなくてすべて忘れてしまったりするから、みんなについていくのが難しい。

　だから、学習能力を上げるためにも、まずは自分に合った環境で授業を受けるのがいいと思った。

田中（13歳・女性・埼玉県）学

　中国人ということだけで差別やいじめをやめてほしい。私は小学1年生の頃からずっと、中国人だからという理由だけで差別やいじめをされた。友だちなんてひとりもいなかったし、自分なんてとても嫌いだった。なんで中国人だから、いじめられるのかよくわからなかった。最初の頃は自分のほうが悪いのかなって思ったけど、別に私は何も悪いことしてないし、できるだけみんなにとけ込めるようにがんばった。日本語だって一生懸命覚えたし、みんなと話題ができるように自分の好きではない番組をたくさん見た。それなのに、やはり誰も私と話をしてくれなかった。

今は重度の鬱《うつ》病にかかってる。同じような人を見たくない。だから中国人という理由だけで差別やいじめやめてほしい。

・・・（13歳・女性・東京都）学 い

学校でひとりになれる時間がもっとほしい。私は正直、学校が嫌いです。なぜなら人と関わることが苦手だからです。誰かに話しかけられると、なんて言えばわからずに黙っていたり、言いたいことはあるけど、緊張して声が出なくなったりすることが結構あります。

私はひとりでいるのが大好きです。学校で班行動などしている時に、「何か手伝いたいけど何をすればいいんだろう」と思っているけど、結局何も言えずに、自分が何もしていない「悪いヤツ」になってしまいます。

紅花（13歳・女性・東京都）学

学校で化粧を教えてほしいです。社会に出ると女性は化粧をすることを要求されます。しかし、多くの学校（小学校、中学校、高校）では化粧は禁止されています。化粧ができない人は男性に化粧もできないのか、と言われます。それなら学生のうちから練習させてください。

化粧は自分を表現するひとつの方法でもあります。必修じゃなくていいんです。せめて選択で入れてほしいです。日本史や数学なんかより社会に出てから実際に使えるスキルを習得する場がほしいです。

あるいはもう化粧しない女は人間じゃないっていう雰囲気をなくしてほしいです。

ぽたく（14歳・女性・東京都）学 ジ

「なんにもしなくていいんだよ」って言ってほしい。自分で選んだ学校なはずなのに、思った結果が出せなくて、がんばったのにテストで平均点すら取れなくて……。

得意だったことも世の中にはもっと上手な人もいて、自己嫌悪に陥って、さらに親からの「勉強しろ」というプレッシャー。ストレスに耐えきれず、毎日泣きそうな日々で、なんなら3日に一度は泣いてます。友だちからは鋼《はがね》のメンタルなんて言われてるけど、実際はそんなわけなくて、でもそんなことも言えなくて、言えない自分に腹が立ってストレスが溜まってます。

ストレスを言い訳にテスト3日前でも勉強せず去年の自分のテスト結果を見て今の自分との落差に泣いて、またストレスが溜まって……。とにかくストレスがやばいんです。誰かに「がんばらなくていいんだよ」って言われたいです。

お茶の子（14歳・女性・東京都）学

学校のおかしな校則や風潮を見直してほしい。

中学生らしいとは何か、なぜ中学生らしくないといけないのかがわからない。髪型や靴下の色、長さ、ひどいところは下着の色まで制限されていて理不尽だと思う。校則の面で人権や個人の尊重がされていないと感じる。

とくに、小中学校が「子どもは我慢してなんぼ」のような風潮がある。小学校の運動会では猛暑のなかずっと立たされて校長先生の長話を聞かされたり、冬の持久走は必ず半袖半ズボンという決まりがあったりした。中学校の体育祭では、少しでもズレたり遅かったりしたら何回でも全員やり直しなどという風習が染みついている。体育の授業や普段の学校生活でも、「やすめ」や「連帯責任」など、軍隊教育の名残や古い考え方があると感じる。

こよみ（14歳・女性・福岡県）学

自分に自信がほしい。今、高1で高校だからやっぱり自分より頭いい人とかいっぱい集まってて、自分は中学の頃は成績がいいほうだったから高校になって自分がみんなについていくっていうか、ついていけるようにがんばるって感じになってる。

それで定期試験とか、親は自分が中学の時みたいに成績上位にいけると思ってるっていうか、期待してるっていうか、そういうのがある。期待されるのは嬉しいことだし、がんばろうって思えるけど、されすぎるとプレッシャーでどんどん不安になって、今の自分こんなんでいいのかなとか、自分なんでこんなんしかできないんだろうとか思っちゃう。感謝すべきことなのかもしれないけど、期待されて自分が応えられなかった時に、あーって思われるのがつらい。

自分ができないから、自分のがんばりが足りないんだってなんかしんどくなる。だから、自分に自信がほしい。自信をもてれば考えも変わって、こんなこと思わなくていいのかなって。

だんご三兄弟（15歳・女性・千葉県）学 家

私は高校の部活でいじめを受けていました。誰かに助けてほしいとずっと思っていましたが、怖くて家族にも先生にも、周りの大人にも相談ができませんでした。心が壊れるまでずっとひとりで抱え込んだ結果、鬱病と心因性失声症になりました。

いじめを受けたり、心にダメージを受けたりすると、すべてが怖くなり、なかなか周りに助けを求めることはできません。しかし、言い出すことができずに抱え込んでしまうと、私のように心の病になったり、最悪の場合命を落としてしまったりすることだってあります。

そうなる前に周りの大人が子どもの異変に気づいてほしいです。「どうしたの?」「何かあったの?」、このひと言をかけてもらえるだけで全然違います。周りの大人のちょっとした声かけが子どもの心を救うかもしれないと思って、普段から子どものことをよく見てほしいです。

わ。(15歳・女性・長野県) 学い

性教育や性行為・自慰行為の教育が「恥ずかしいこと」としか認識できない教え方が多いと思うので、とくに義務教育中は正しい教え方をしてほしい。正しい知識がないと性的犯罪の防犯や認知もできないし、避妊ができずに望まない妊娠をする人も増えると思うから。

Mi(16歳・不定性・神奈川県) 学声

生きているって思える時間と余裕がほしいです。

進学校だから授業のコマ数も多くて、放課後にも補講や講座で学校にいる時間が長い。家に帰れるのはほぼ毎日8時半。家に帰っても、出された膨大な課題をやらなければならなくて。結局自分のやってみたいことを見つけたり、実践したりする余裕がない。言われた通りに言われた勉強を続けてしまう。

今の生活が大人になっても役に立たないとか無意味だとかは思わないけれど、そうまでして学校に、そして勉強に時間も余裕も吸われてしまうのには納得がいかない。ここまでして大学に行かなければいけない理由なんてないだろうに。

私は今の狭い世界から出て、生きていることをもっと実感したい。机に向かう勉強じゃないことを経験したい。きっと今の学校をやめてしまえばできるだろう。やめてしまえ、と言えたなら。

はるのむし（16歳・ノンバイナリー〔※〕・兵庫県）学 進

※ノンバイナリー　男性、女性というどちらの性別にもはっきりと当てはまらない、または当てはめたくない、という考え。

思ったことを言っても周りに文句を言われないようになってほしい。周りの友だちに、恋人はいらないと考える人がいるということや、オシャレに使う時間がもったいないと思っている人がいるということを理解してほしい。友だちがみんな「●歳までに結婚したい」「彼氏がほしい」など恋愛のことばかり話していて、私が「絶対、結婚したくない」とひと言でも言うと「ありえない」という目を向けられて嫌な思いをしているから。

また「好きな人はいない」と言うと周りに「嘘つかないで」と本気のトーンで怒られるのが不快だから。他にも、オシャレや化粧に関心を示さない私に、友だちからの誕生日プレゼントとして化粧品が贈られたりと、ルックスを磨くことを強要されている気がするから。

栗（17歳・女性・埼玉県）学 自

みんなそれぞれに居心地のいい場所ができること。中学高校の頃は、教室の居心地がなんとなく悪いと感じることがあり、よくひとりで廊下にいた。大学に入った今は、自分と波長が合うサークルに入って居場所ができた。居場所があれば、大変な毎日でも安心して過ごせるのだと気づいた。

ひっち（18歳・女性・岐阜県）学 自

スマホと仲良くできるようになりたい。スマホが嫌いでもいじってしまうと自分のなかに嫌な気持ちが溜まってしまう。スマホをいじること自体はあまり良いこととされない。私もスマホをいじるより、リアルで近くの人たちと触れ合うほうがいいと思う。

でも、スマホと共存（?）できるようになって、自然とスマホと一定の距離をおけて、使う時も嫌な気持ちにならないでいられるようになりたいから、スマホよりもリアルを大切にできるくらいがいい。

友だちといる時間がこれ以上ない幸せだと感じて、今日別れるのが切なくて、また明日会えるのが楽しみなのがいい。いつでも接続しているのは、本当の大切さに気づけない気がするから。それより受験勉強しろ、自分。

らるる（18歳・無回答・新潟県）学 自

鬱を理解してほしい。つらい時に、「がんばろう」「大丈夫」などの前向きな言葉を善意でかけてくれた先生がいたが、がんばることができない状態でのその言葉はかえってつらかった。鬱の人への配慮の仕方が浸透した社会だと、もっと私のような人も生きやすくなるのかなと思ったから。

曖昧模糊（18歳・女性・茨城県）学 障

人を傷つけることは間違っているということ、いじめや虐待等による心の傷は一生残ってしまうということを理解する社会になってほしい。私自身いじめ、虐待を受けていて、誰にもまったく救われずに済んでしまったから。

保育園では保育士から発達が遅いという理由で虐待を受けた。文字が書けない、計算ができない、運動ができないと叩く、階段から突き落とされるという暴行を受けた。

小学生の時は容姿のことでいじめられ、助けを求めても「自業自得」と言われたり、自分を守るために抵抗しただけで「暴力をふるった」と周りからは加害者扱いにされたりした。いじめの主犯格の保護者からは怒鳴られ、先生、元友人、家族にまで本当は被害者であることを信じてもらえなかった。

また、中学に入ってもクラスメイトから嫌がらせを受けたり、教師から日常的に暴言を吐かれたため、周りを気にするようになり、高校になってから、明るいとずっと言われていた私は、急に大人しいと言われるようになった。

あれから18になった今でもいじめ（とくに小学生の時）や虐待のフラッシュバックが（ひとりの時に）起こり、急に息が苦しくなったり、眠れなくなったり、涙が止まらなくなったりする。そのため、なるべくいじめや虐待等のニュースは見ないようにしている。

カウンセリングに行ったほうがいいのかと考えることもあるが、今は好きなもの（推し、趣味）に囲まれたり、つらいことを書き出したりしてなんとか自己流で心の傷を癒やしている。今もいじめや虐待は増え続けている。傷つけられてしまった心は一生残ることを理解してほしい。

Luna（18歳・女性・兵庫県）学 自 い

好きなこと、嫌いなことがあるのはごく当たり前で、現実を生きている限り自分のやりたくないことに向き合わなければならない場面がどうしてもあると思う。そのやりたくないことに向き合わず生きる。つまり、自分のやりたいことだけをして生きることを経験することで、どれだけ生きづらさを感じなくて済むかを体験してみたい。

そういう意味で、学校の授業を選択制にしてほしい。「教育の自由とは何だろうか」と考えると、ひとつの解答例として「自由に授業を受けられること」というものが浮かぶ。しかし現状、どうしても受けたい教科、先生の授業を受けることができず、受けたくないような教科、先生の授業を半強制的に受けなければならないという場合が少なくない。いわゆるガチャ状態なのだ。それを当たり前だと捉え、受けたい授業を受けられずに学校を卒業してしまうのはもったいないように思える。授業を主体的に、自由に選択できる機会は担保されてもいいと思う。

ももうち（17歳・男性・岐阜県）学自

毎日毎日、朝早くから学校へ行って、勉強して、帰って宿題して、習い事があったら行って。寝るのだってどうしても遅くなってしまうし、毎日これの繰り返しで家に帰っても休む時間もなくて、疲れが溜まっていく。土日も学校は休みでも部活があったら変わらない。寝る時間を少しでも増やしてほしいので、学校の開始時間を少しでもいいから遅らせたいです。

学生＝遊んでる、というイメージをもっている人が多いけど、学生だって毎日学校に行って、部活して、習い事してがんばっているし、大変です。もちろん大人も仕事とか人間関係で大変だと思うけど、学生だって朝早くから学校へ行ってるし、学校での人間関係だってあるから大変。それもわからずに帰ってすぐに勉強しなさいって言ってきたり、遊んでないで勉強しなさいとか言ってくると、たまには休む時間もほしいと思うし、こっちの大変さも理解してよ、と思うので大人にも学生の大変さを理解してほしいです。

もも（14歳・女性・熊本県）学声

学生が通いやすい学校づくりをしてほしい。本人の性格のせいで過ごしやすい、過ごしやすくないが決まってほしくない。

中学入学から3年間、周りの人間は自分には合わないとわかって、気だるく遅刻を繰り返す日々でした。自分の気持ちを我慢し続けて、体に溜まる負の気持ち。親にも「高校受験のために、先生に好かれなさい」と言われ、誰にも素を出せず、毎晩ひとりで涙を流し、中学校3年間で残ったのは利き腕と反対の腕にたくさんの直線的な傷痕。

周りのノリに合わせられない自分のせいだとわかっていながら認めたくなくて、認められない自分への怒りを勉強にぶつけ入学した第1志望の高校。校風も自分に合っていると思って、ずっと第1志望にしてきたのですが、序盤一ヵ月で人間関係に悩み、もう「学校に行きたくない」と思うように……。これじゃあ中学の二の舞。自分に合うと思って選んだのに、結局自分の性格のせいでクラスでも心からは楽しいと思えず、愛想笑いを貼り付ける日々だからです。

自分のせいだと思いながらも、似たような気持ちをもっている人が他にもいるんじゃないかと思ったので、それは「完全に本人の問題だ」とは言えないような気がします。校風や周りの性格に自分の性格を合わせるのではなく、どんな性格や人柄でも過ごしやすい環境づくりを願う。周りから切り離されないようにと、自分を押し殺して行っても、残るのは何か自分の大切なものを失ったような虚無感。一人ひとりにしかない個性の色を大切に、いつまでも失わずもち続けることができる環境があってほしいからです。個性を輝かせることができるのは、今は芸能人の方々だけなように一般人の私からは見えてしまいます。もしかしたら彼らも本当の自分を見せるのが怖いと思っているかもしれない。

入試に合格するためにと面接で本当の短所を隠したり、生徒会の選挙に当選するために生徒が「かっこいい」と思ってくれるような言葉を選んでみたり、いつもははずしている第1ボタンをとめ、ネクタイをしてブレザーのボタンを全部閉める。髪をきれいに整えて、人当たりのいい笑顔をつくるなど、他人からの評価が社会の昇進に必要なのはやっぱりおかしいような気がするからです。

ヒネコ（15歳・女性・東京都）学 自

もっと自由に生きたい。いろいろなことに縛られたくない。わがままかもしれないけど。

テスト、勉強、習い事、学校……。テスト、勉強は点数で決められる。悪かったら怒られるし、周りと比べられる。習い事は好きなものだとしても、行きなさい、行きなさいって言われるからつらい。

学校も似てるけど、嫌って言っても、遅れてでもいいから行きなさいって言われるし。行ったとしても友だちなんかあんまりいない。一部からは陰口だって言われる。だから、学校に毎日行くのが当たり前。友だちがたくさんいるのが当たり前。勉強できるのが当たり前。何事も学べばできるようになるのが当たり前、など……。そういうのをやめてほしい。

猫と居たい（13歳・女性・京都）学

中学入学と同時に田舎から東京の学校に転校してきて、慣れない土地や環境にすぐには馴染めず、とにかく同級生たちに嫌われないことだけを考えていました。

しかし、それをあえて利用され、はじめてできた友だちにいろいろといいように使われていました。あの時の私は反抗することもできず、ニコニコと何もつらくないふりをし続けていました。それと、母親とも中学入学と同時に暮らしはじめたので、母親と意見に違いがあり、毎日母親に怯えながら暮らす日々でした。

だから、あの時の私に戻って、本当に仲良くなりたかった子と友だちになりたいです。そして、母親ともうまくやれるようにしたいです。それなので、より良い学習環境、より良い生活リズム、より良い家庭環境などを、よく学校で教えられてきましたが、それができる子どもたちばかりではないことを理解してほしい。

例えば、朝は早起きして、ちゃんとした朝ご飯を食べて、学校で勉強して、運動して、家に帰ったら家族で食卓を囲んで、たくさんおしゃべりをして、早く寝ましょう、という定型文を小学校から高校までマニュアルのように日本の学校は生徒に言い聞かせていますが、それができるのは良識のある親のもとに育ち、経済的にも不安定ではない家庭の子どもが享受できる特別なことだと思っています。朝から子どもをいきなり罵倒したり、夜も深夜まで自分の鬱憤を子どもにぶつけ続ける親のもとで育っている子どもたちに、それができると思っているのでしょうか？

私は中学生や高校生になれば自分でなんでもできるだろうと思って、より良い生活習慣を身につけようとがんばりましたが、やはり限界はあり、体も心もボロボロになっていく日々でした。現代の大人たちに、当たり前のように掲げているその日常は決して普通ではなくとてもも特別なことなんだ、ということを理解してほしいです。

カイさん（18歳・女性・東京都）学 家

劣等感から解放されたい。友だちの数、コミュニケーション能力の差、顔のかわいさ、性格、他にも些細なことに対する友だち全員への劣等感が耐えられなくて避けてしまい、そのままみんなと縁を切ったから。

ｎａ（18歳・女性・大阪府）学

個々の意見が言いやすい環境づくりを社会現場でしてほしい。社会現場、僕の場合だと学校になるのですが、授業中、それ以外での時間でも「自分の意見を言わないのが当たり前」のような空気感がある。空気だけでなく実際に僕が勇気をもって言ったとしてもその場で流されたり、まるで「先生の答えに口出しするとは生意気な」とでも言わんばかりな態度まで取られたりしたことがあった。

これを他の人に相談したところ、同意してくれる人が複数人いた。だが僕が言いたいのはそこではなく、個々の意見が尊重されればじめてきたこの時代のなか、自分の意見が言える環境があるというのにどうしても言いにくい空気感がある。

そこで僕が思ったのはディベートの存在だった。ここ最近10代、僕の世代などでは「論破」という言葉が流行っている。悪く言ってしまえばこれは自分の意見だけを相手に押し付けることによって、自分は勝った、または正しかったという優越感に浸ってるようにも見える。だがディベートとは2つの意見をすり合わせてまた新しい意見をつくるという双方の意見の尊重されたコミュニケーション方法だ。海外と比べて日本はこの形のコミュニケーションが普及してないようにも見える。果たして、これが僕の思春期まっただなかな悩みで、大人になればいずれわかる、で片付く話かどうかはわからないが、あえて大人に願いたいとするなら、個々の意見が言いやすい空気がほしい。

貂神飯（15歳・男性・東京都）学声

誰ひとり傷つかない世界をつくりたい。

以前、私もいじめられていて自分を見失ったことがあり、それがきっかけで親友に見捨てられ、親にも迷惑をかけてしまったことがありました。今は高校に入って友だちがたくさんできました。親ともたくさんお話ができるようになり、自分を大切に思ってくれる先生や先輩・後輩がいます。

また赤十字の活動やＳＤＧｓに取り組んで、いろんなイベントに出させていただいたり、いろんな人にお会いして、たくさんお話したりして楽しいです。

しかし、今も昔の私みたいにいじめで苦しんでいる人やそれで不登校になってしまう人、障がい者って言われて馬鹿にされたりする人が本当にかわいそうで、つらい気持ちになっていると思います（自分もそうだったから）。なので、このような願いを書きました。

コッシー（17歳・男性・東京都）学 い

Chapter 4
不登校

押し付けられる「普通」に適応できないことがつらい。学校に行けない自分を、周りから否定されることがつらい。彼らを透明な存在にしないために、切実な声を聴いてほしい。

ちゃんと大人になりたい。本当にこんな私が大人になれるのか不安。今までもいわゆる普通の学校に全然馴染めなくて、不登校を繰り返してきたので。

ちゃんと働いて、人間関係もそこそこ良好に自立する未来が必ずくるとわかっているなら幾分か今の不安も減ると思う。

不登校にもっと配慮してほしい。柔軟に対応してほしい。私が学校に行けなくなった際に、別室での保健室登校のようなものをしていた時期があるのですが、先生はただ見守り役でほとんど教えてくれるようなことはない、ただの登校日数稼ぎのための自習室のような場所でした。正直、自分の自習だけで授業範囲をカバーするのはきついです。とくに苦手科目はやる気も起きませんし、教科数が少なくても、時間が短くてもいいので授業を受けたかった。

うにゃ（14歳・無回答・長崎県）不

中学までいた私立の中高一貫校に戻りたい。僕はこの学校に高校卒業するまで通うはずだったのに、クラスがうるさかったり、一部の生徒が悪さをしたりすることで、それを見て不安になってしまい教室に行きづらくなってしまった。

僕は自閉症の診断を受けており、うるさかったり、生徒がふざけ合ったりしているのを見ると、不安が強くなってしまう。医師の診断書も出したのに、高校に上がれないと言われた。理解がある先生も少なかった。今は通信制サポート校に通っているが、上がれなかったことについては今でも悔しい。

それで、僕は自分の個性を認めてくれた先生が少なくて、高校に上がれなかった。僕以外にもいじめられて不登校になった生徒が進級できなかった話も聞いた。不登校になったら、診断書や理由などを通じて居場所の確保や、課題提出での出席カウントなどの誰でも通える学校環境をつくってほしい。人の個性を認めて、その人に合った対応を取れるようにしてほしい。

るつた（15歳・男性・東京都） 不 自

中学校生活をやり直したい。入学して、毎日学校に行って、友だちとなんでもない日々を過ごしたい。

入学してすぐ不登校になってしまって、全然勉強についていけないし、学校に行くことや、人と会うことさえもすごくつらい。ずっとわかんないけど、〝なにか〟が怖くて、逃げてきて……。そんな自分が大嫌い。

中学生になって2年が経った時、急に行けそうな気がして少しだけ学校に行った。友だちと自分の差がすごく開いていて、もう二度と追いつけないような気がした。追いつきたくて、こんなふうになりたかったって後悔した。勉強も、行事も、全部知らないことがいっぱいで、悔しくてちゃんと学校に行けるようになりたかった。願って不登校になったわけじゃないのに。みんなと同じように学校に行きたかったのに。怖くて嫌で、ずっと学校から逃げてきたけど、はじめて学校に行きたいと思った。

学校に行きたくないっていう理由を聞かないでほしい。学校に行けないことを悪いこととして認識しないでほしい。学校に行けないからって全部を終わりにしようとしないでください。

3年くらい不登校として生活してきてたくさんの人に迷惑かけてしまって、申し訳ない気持ちでいっぱいです。自分が正しい人間だとは思えないし、悪い子だって思っちゃいます。でも、自分で否定するのと人から否定されるのでは違うんです。「学校に行ってない悪い子だ」「ずる休みするな」「なんで学校行けないの?」。自分を否定されてるんだ、もう自分なんかいらない子なのかな、って思います。すごくつらいです。言われなくても全部わかってるんです。自分自身が全部わかってます。だから、すごくつらくて苦しんでるんです。
　学校に行かない、行きたくない理由を聞かないでください。学校に行かないこと、学校に行けないことを「悪い」って否定しないでください。そして、不登校の親御さんにとくに言いたいです。学校に行けなくなったら、もうこの子は駄目なんだって言わないでください。思わないでほしいです。これからどうなるのかわかんなくて不安になると思います。でも、本人も同じです。本人が一番不安です。どうすればいいのかわかんないです。怖いんです。親だからこそ不安になるよりも本人自身に寄り添って、見守ってほしいです。あくまで個人的な意見なので、すべての不登校の人がそうだとは言いませんが、ぜひ参考にしてほしいです。

りゅ。(14歳・無回答・山梨県) 不

親に視線恐怖症や不登校について理解してほしいです。不登校になってから、親から「なぜ事情があって学校行けない子だっているのに、あなたは行けないの?」とか、人の視線が怖いと言ったら、「あなたのことなんて誰も見てないよ」と何も理解してもらえてないから。

はる(12歳・女性・岐阜県) 不

学校にどんな環境でもみんながいやすくなること。私は中学1年生の5月に不登校と引きこもりになりました。当時は学年で最初の不登校だったこともあり、誰も接し方や方法がわからず、雑な対応や心ない言葉を言われることもありました。
　その時に相談室や相談員の方々の存在を知りまし

た。きっかけは担任の先生が教えてくださったことですが、学校ではその存在を知っていたのはそこにいた先輩ぐらいでした。もっと早く知りたかった。もっと早く出会いたかった。そんな思いがずっと心に残り続けたまま卒業しました。

サボる人とかが出ないように存在をあまり知られないようにしているのでしょうが、必要な人に届かない存在になっているのは違うと思います。だからこそ、みんながそれぞれの形でいやすくなる学校がいいなと思いました。

ゆりあい（15歳・女性・大分県） 不

★

厳しすぎる校則（いわゆるブラック校則）や、おかしいくらいにブラックな部活をちゃんと取り締まってほしい。

私の中学校では、ツーブロックがダメでした。理由を聞いてみると勉強に集中できないからということでした。理由があまりよくわからず、生徒会に入って校則を変えようとしました。しかし、先生が校則を変えるのはいろいろ面倒だからと止められてしまいました。

また、私の学校の吹奏楽部もおかしく、模試や英検などの理由で休むのはダメ。うまく吹けずに顧問の先生が気に入らないと1時間廊下に立たされる。幹部の生徒がすべてという風潮により、意見した人はいじめられ、不登校になりました。私の友だちもそのひとりです。そして、一番ひどいのが最終下校の6時を過ぎてまでずっと部活をしていること。

いくら全国金賞の部活でも、ここまでひどいのは誰かに止めてほしいです。お願いします。

えいちゃん（16歳・女性・神奈川県） 不

☆

すべての先生が生徒のことを思って、教壇に立ってほしい。先生は生徒を、一人ひとりとして見ているわけではなく、ひとつの集団（クラス）として見ているような気がします。だから、クラスのみんなで仲良くということを言うのだと思います。みんな違う人なので、みんな仲良くなんて無理です。しかし、子ども相手なので反対されません。それはどうしてか。内申点がほしいからです。内申点が子どもに対して一種の拘束道具となっています。だから、学校のなかで息苦しさを感じているのでしょう。

自分自身も中学で不登校になり、休みだしてからはほぼ一度も行けず、全日制の高校に通うことは難しくなり、通信制を選びました。このように、先生には生徒の人生を良い方向にも、悪い方向にも変えることができると知ってほしいです。生徒一人ひとりと向き合えば、学校の息苦しさは少しでも減るでしょう。先生の考え方をひとつ変えるだけで学校は、生徒にとって通いやすく、楽しい居場所となると言えます。

ゼノ（16歳・男性・岐阜県）不学

中学生だった私に、今高校生の私から「今、苦しんでることは絶対に無駄じゃない。どんなに苦しくても生きてればなんでもできるよ」って伝えたいです。小学6年生あたりから体調不良が続いて、中学生になってからも続きました。だんだんと学校に行くのが嫌になって、具合も悪くなって、もうすべてが嫌になりました。

学校では別室登校や保健室登校をしていたけれど、そんな自分が嫌で、許せなくてたまりませんでした。私は勉強が嫌いではなく、ずっと優等生でいたいと心のなかでずっと思っていたのです。

それでもいつの間にか時間が経って、私は高校生になっていました。高校は全日制の普通校を選びましたが、私は卒業できないと思っていました。たった十数年生きただけで絶望を感じてしまったのです。

しかし、実際の高校生活は絶望だらけではありませんでした。初対面の人ばかりで不安でしたが、逆にそのおかげで一から人間関係をつくることができました。高校にはいろいろな人がいて、それが刺激になりました。もちろん悩みが消えたわけではないし、時々押しつぶされそうなくらいつらいこともあるけれど、環境が変わることは悪くないのだとわかりました。

だから中学生だった私に伝えたい。つらいことばかりで生きてることが嫌になっても、私はその経験のおかげで人の痛みに寄り添うことができるようになったんだよ。絶対無駄になってない。今、高校3年生の私がもった夢は養護教諭になること。生きてれば私の経験したことで救える人がいると信じてる、と。

フラワー（17歳・女性・山形県）不自

私は小学校高学年の頃に体調不良で保健室登校をしていました。私はもともとおとなしい性格で、あまり人との関わりがなかったため、つらいことや悩みごとを溜め込んでしまいました。それが体の不調に出てしまったのだと思います。毎日の頭痛や腹痛はもちろん、ひどい時には食欲もなく、1日中寝込んでいて、おもらしもひどかったので子ども用の紙おむつをはく生活を送っていました。

そんな時に助けてくれたのは周りの人たちでした。家族、保健室の先生、私のことを理解してくれている友だちにいろいろと助言をされ、優しくしてくれて、中学校入学前には普通に毎日学校に行けるようになりました。中学生の今、私は人とのつながりをとくに大事にしています。部活やクラスで気の合う友だちをつくり、困ったことがあったら遠慮なく言える仲間ができました。今では、毎日の生活がとても楽しいです。

保健室登校をしていた私に言いたいです。「孤独にはなるな」と。だから、不登校、保健室登校になってしまっている子たちの不安を和らげてほしいです。私が保健室登校をしていた時に一番不安だったのが「勉強の遅れ」です。それを解決するためにICT

（※）を駆使したオンライン授業などをもっと充実させてほしいです。また、私は学校を休んでしまっている時に家族の料理の手伝いをするのがすごく楽しかったので、学校ではできない経験はすごく大事だと思います。例えば、フリースクールなどでの地域の特色を用いた活動や、近場の公園や博物館などでの研修を通して、子どもたちのやりたいことや友だちとの出会いを見つけていってほしいです。人間、孤独ってすごくつらいです。

琥珀色（14歳・男性・埼玉県）不

※ICT　Information and Communication Technology の略称。情報通信技術。インターネットなどの通信技術を活用したコミュニケーションのこと。

学校がもっと過ごしやすい環境になってほしい。自分の好きなタイミングで、好きな時間で、自分のペースで学校に行けるようにしてほしい。クラス替えは生徒の意見を聞いてほしい。自分自身が過去にいじめられて、そのいじめてきた人が同じクラスだったりすると、どうしても学校がつらくなるし、行きたくても行けない状態になってしまっているから。

そして、もっと子どもの意見に耳を傾けてほしい。インターネットが発達している今、大人より子どものほうが〝今〟についてたくさん知っていて理解をしている人が多いと思うし、それを伝えることもできると思うから。

ヒバリ（15歳・無回答・愛知県）不声学い

校則がなくなりますように。校則によって苦しめられることが多く、そのせいで不登校になり、教育を受ける機会の多くを失ったからです。

Iro（15歳・無回答・埼玉県）不

自分を認めてくれる人に出会いたい。自分が叶えたい夢とか、憧れの姿とか、やりたいこととかを「いいね！」「すごいね！」と認めてもらいたいから。

私の夢は歌手になることで、高校1年の時、進路相談で話した際に担任から冷たい視線と言葉をかけられ、自分の夢は簡単なものではないと知ったと同時に、堂々としていられなくなりました。SNSに歌ってみた動画をアップしたり、文化祭のステージに出たいけれど、自分に自信がなくなってしまいました。だから、自分の存在を肯定してくれて認めてくれる、それが私の願いです。

そして、逃げることができる社会にしてほしい。学校、仕事、置かれた環境から逃げることが悪とされていて、逃げることは恥、という社会のように思えます。私自身、高校2年の時に学校に通えなくなりました。その時に、逃げることがダメだと深く思いすぎて、逆に追い込まれてしまいました。逃げることがいいというわけではありません。簡単に逃げてしまうのはもったいないと思います。ですが、苦しい時は逃げることも大切だと思うんです。追い込まれた結果、自らを殺してしまうと思うんです。逃げることがすべて悪だと思われない社会になってほしいです。

みさき（17歳・女性・新潟県）不 進

いじめで学校を休む日を少なくしたい。3年生からいじめにあっていて、そのせいで学校を何回も休んだから、学校を休む日を少なくしたい。

実りの季節（10歳・無回答・愛知県）不 い

もっと、子どもの意見を聞いてほしい。学校に行きたくないのも、リスカ（※）しちゃうのも、全部理由があるから。

大人からの重圧に耐えられない。大人の普通は私たち子どもの普通じゃないことをわかったうえで話を聞いてほしい。学校に行くのは当たり前とか、そういう答えはほしくないんです。

理由はないけど、気持ち的に学校に行きたくなかったり、教室に行きたくなかったりすることがあるけど、大人は無理やり行かせようとしてきます。ちゃんと言葉にはできないけど気持ち的な理由があることをわかってほしいです。

みか（14歳・女性・佐賀県） 不声

※リスカ　リストカットの略称。

学校を楽しいと思えるようになりたいです。小学生の頃からは考えられないほど、中学・高校と上がるにつれ、学校が嫌いになっていったから。いじめられているとか、勉強についていけないとか、そういった明確な理由がないことがさらにつらい。嫌いな理由さえわかれば、対策できるのに、という気持ちがある。朝からネガティブな気持ちで学校に行くことも嫌だ。

今より少しでも「楽しい」と思えるようになれば、学校に行くことも苦じゃなくなるのかな、と思った。

それと、意味のわからない校則や、勝手に決められた決定事項……。それを、深く説明もせずに「ルールだから」「決まったことだから」と言って無理やり押し通すのはなぜなのか、聞きたいです。納得できる理由があればルールや規則を守ろうと思うし、決められたことにも従います。ですが、大した説明もせずに「守れ」とだけ言われても守る気にはなれないです。例えば、下着の色は白じゃなきゃいけないとか、まったくもって意味がわかりません。どうしてその規則を作ったのか？　どうしてそういう結論に至ったのか？　などということを明確にせずに納得させようとするのは謎です。

える（15歳・女性・栃木県） 不学

みんなが仲良く助け合う世界をつくりたいです。世界の平和。人はなぜ争うのか？　という疑問にとても興味があります。学校では、ささいなことでケンカをしたり、相手を攻撃したりしている様子を見て、こういうところから争いが起きるのかなと感じました。

先生が子どもを信用していないから怒鳴る↓子どもがイライラする↓優しい子をいじめる↓怒られる、たくさん宿題がある↓やらないと家で怒られる↓イライラする↓優しい子をいじめる。こんなふうにも考えます。

みんなが助け合う世界をつくれば、戦争もなくなるのではないかと思いました。今、自分ができることは、家族や友だちに優しく思いやりをもって接すること、困っている人がいたら助けたいと思っています。だから、優しい、おとなしい子どもでも安心して通える学校をつくってほしいです。私は、人見知りで大人しいです。学校で嫌がらせやいじめがあっても、ずっと我慢していました。先生たちがつくった嫌なルール（休み時間にトイレに行く時に友だちと一緒に先生に許可を得てから行く。名前と時間を書く、など）で、私は友だちがいないので、学校に行くとトイレに行けませんでした。先生に言ってもルールは変えられないし、つらい時に保健室を使うことはできない、などと言われ、居場所がなくなりました。

学校に行けない自分を責めました。学校に行けない自分なんか生まれてこなければよかったと考えました。今は、他の施設に通い、習い事などをしています。学校に行っていなくても、人の役に立つ人になりたいと思って学んでいます。同じように苦しんでいる人がいたら、助けになりたいです。

ゆいとぴあ（11歳・女性・埼玉県） 不

★

不登校がおかしいと思われない世の中になってほ

しい。私は中学生になってから不登校になり、母親は姉のことで慣れていたから、だんだん何も言わなくなったものの、祖母は私のことをたいして知りもしないのに学校へ行くことをすすめ、他の家族に理由を話しても理解してもらえない。

　担任にも別室登校という形で毎日登校しているのに努力を認めてもらえない。クラスメイトにも会うたびに冷たい視線を向けられる。ちょっとみなと違うからって不登校が批判されるのはおかしいし、他にも私と同じような子がいると思うから、理解される世の中になってほしい。

らむね（12歳・女性・東京都） 不

★

不登校の偏見がなくなってほしい。勉強が好き、できるからって学校が好きなわけではない。勉強に好き嫌いがあってもなくても学校が嫌な人はいる。勉強ができるから、学校で悩みはない、困ってることはない、そういうふうに考えてほしくない。

K（12歳・女性・神奈川県） 不

☆

正直に気持ちを打ち明けられる人がほしい。

　小学5年生の頃にいじめにあって、学校を休んだことがあります。けど、いじめの原因はすべて自分が悪いことに気づいたことで、自分がこの世の中にいてもいいのか、自分がいて周りは嫌に感じていないのか、と思うようになりました。周りの人は、裏では私の悪口を言ってるのではないのか、と思うこともありました。その時に自殺を考えたりするようになりました。

　心の奥底では、いじめにあった際に傷ついた傷が残っている。自分で傷つけた傷も残っている。いまだに残ってる傷を治すことができないので、そういう心の傷を少しずつ治すことができ、正直な気持ちを打ち明けられる人がほしいです。

学校にいるカウンセリングさんよりも、分かち合える人が近くにいたら、自分は生きていけると思います。世の中には、そういう人なんていない。毎日毎日、心の奥底では自分を殺して生きている自分が怖いです。1日でも早くそういう人に出会えて、ありのままの自分で、そして幸せに生きていきたいと心から願っています。

Mei☆（12歳・女性・神奈川県）不い

私の周りにいる人が幸せになること。私が周りの人に嫌な思いをさせないようにする。パニック症を治す。今私はパニック症で、電車で片道1時間かかる学校にひとりで行けなくなってしまった。なので、学校に行く時は母に付き添ってもらっている。母は時々「いつまで自分の大切な時間を犠牲にして、あなたの登校に付き合わなきゃいけないの！」と言うことがある。妹の受験があり、妹との勉強の付き添いがあるのに、私の登校にも付き合わなきゃいけない、なんて大変なんだろう。ひとりで学校に行けたらいいが、電車でも10分が限界の私には無理なこと。早く治して母の負担を軽くしたい。

また数年前、母がお酒をよく飲み、妹に暴力や暴言をよくするようになったことがあった。私は止められず、父は海外へ単身赴任中でこの場にいなかった。藁《わら》にもすがる思いで学校に相談したら、学校が母へやめるように電話をした。児童相談所の人たちが来ることもあった。そういうことがあったため、母は、自分をとても責めて、部屋に引きこもるようになり、出てきたと思えばまた酒を飲み、妹へもっと暴力や暴言をするようになった。自分は火に油を注いでしまった、自分のせいで母をどん底に突き落としてしまった。今でも思い出すととても気持ち悪くなり、胸がズキズキ痛む。

そして、私は小学生の時、クラス内でいじめがあった。私の仲のいい友だちがいじめっ子で、とある子をいじめていた。友だちに逆らえば何が起きるかわからなくて怖かったため、その友だちのいじめられていた子への悪口は聞いていたものの、私にも少なからず良心はあったため、友だちのいないところでいじめられていた子といろいろ話したりしていた。しかし、どんどんいじめはひどくなり、いじめられていた子は転校することになってしまう。しっかり友だちに、やめなよって言えばいじめは収まったのかな。相手に申し訳ないことをしてしまったことはここに書いたこと以外にもたくさんある。

　それらの罪滅ぼしとして、今、私の周りの人にいる人たちが幸せに過ごせたらなと思う。自分が嫌な思いをしてでもいいから。自分はどうでもいい。周りの人たちのほうが大事。そう思ったから、周りの人ばっか気にして、しすぎて、そのせいで学校に行けなくなった。母が怒り、妹へ暴言を言い、場の雰囲気が最悪になるのが嫌なだけなのかもしれないけど……。

えぐも（13歳・女性・東京都）不 家 い

偏見のない世の中になってほしい。不登校や別室登校への差別や偏見が、強くなっていっている印象がある。コロナで不登校になった子に対しては、甘えだ、のろま、サボりだからだ、などのひどい偏見が起こっています。だからこそ、偏見がない世の中になってほしいと思います

みゃーすけ（14歳・女性・福岡県）不 コ

不登校にもっと寛容であってほしい。私はいわゆる仮面登校って呼ばれる、学校に行きたくなくても必死に行ってるタイプの人間です。学校に向かう途中はいつも吐きそうだし、嫌すぎて涙も出てきます。

　それでも私が学校に行くのは後悔をしたくないからです。将来やりたいことを見つけるかもしれない。

その時に学歴だとか頭の悪さとかで叶わないかもしれないのが私は絶対に嫌です。過去の自分の行動で後悔したくないって思います。学校に行かなくても評定が得られるのなら喜んで行きません。でも、どれだけ望んだって学校に行かなかったら評定がもらえなくて、成績に入りません。だから、不登校に寛容になってほしいと切に願います。何かしらの制度とかで学校に直接行かなくても評定を得られるようにするとかしか私には思いつきません。でもそういうのが充実してほしいと思います。理由になってないかもしれません。すみません。

にゅい（15歳・女性・千葉県）不

その人の個性として認められる社会になってほしい。私は小学校の高学年から毎朝おなかが痛くなり登校が難しくなりました。学校に行っても別室で授業を受けたり、一日保健室にいたりすることがほとんどでした。病院に行き、過敏性腸症候群という病気だということがわかりました。過敏性腸症候群とは、症状には個人差がありますが、私の場合はテストや集会の時などの静かな時に急におなかがゆるくなったりします。友だちに相談してもなかなかわかってもらえず、毎日のようにトイレか保健室に行っています。

おなかが痛くなるのも朝、または午前中なので午後はすごく元気です。このことでサボりだとか、ずるいとかよく言われます。そして、3ヵ月後には受験があります。もちろん途中で抜けてしまったら、戻って受けることはできません。不合格ということになります。心配でしかないです。配慮してもらえない、改善方法はないのかという気持ちで葛藤しています。自分ががんばるしかないのかと思い毎日努力しています。私と同じような思いをしている人も生きやすい社会になってほしいという思いがあるからです。

やぎ（15歳・女性・宮城県）不

高校生になって不登校気味になってる。学校を休んで「居場所」に行っても出席扱いにしてほしい。それかオンラインにしてほしい。オンラインでも出席扱いにしてほしい。無理に学校行ってしんどくなるよりも、しんどくならないようにしてほしい。

高校は義務教育じゃないからとか言うけど……義務教育じゃないからとかじゃなくて平等に接してほしい。高校は厳しいかもしれない。出席日数とか決めるならそれなりに対処してほしいと思う。もしかしたらそういう理由で、高校に行けなくてしんどい人がいるかもしれない。学びたくても理由があって学校に行けなくてしんどいかもしれない。だから学校に行けなくても出席扱いになる方法を考えてほしい。

こはる（17歳・男女・長野県）不

本当の自分をさらけ出したい。人にどう思われているのか、傷つきたくない、仲良くなりたい、でも知られたくない自分。周りから浮いている、普通になりたくて、普通の人になりたくて、偽りの自分を演じて、笑顔で顔をつくって、自分を見失った。

わからない。自分は何をしたいのか、心の底からの本音が言えない。コミュ障なのか、でも普通に会話できる。自分に自信がないのか、でも誰にも負けないことをしている。周りから「がんばっているね」「すごいね」と言われても、心の底から喜べない。自分は何をしたくて、何がほしい？　無理やり好きなものをつくって、会話して、でも苦しい。ずっと、ずーっと心のなかのモヤが消えない。自意識過剰なのか……。すべてが嫌になる。

受験、部活、学校、友人関係、すべてがプレッシャーとなって降りかかってきて、耐えられなくなった。大学受験も自分で行くって決めて、塾も通いはじめたのに、すぐにやめて、部活も人と関わるのが嫌だから、行かなくなって……。こんな自分が嫌だ。こんな悩みをもつ人と話したい。親にも理解してもらえない、思春期だからっていう枠で片付けられて、甘えなのか、不登校でつらいな。

終わりなき自分探しの旅（18歳・男性・宮城県）不 自

不登校をやめて友だちと楽しく話したり、遊んだりしたい。僕は小学生の頃からいじめられて、中学生になってもいじめられて、いじめがエスカレートしていき、とてもつらいです。なので、願いが叶うなら、いじめがなくなって友だちと楽しく話したり、遊んだりしたいです。

七瀬亜夢（12歳・女性・東京都）不

小学3年生の時にいじめられてから、怖くて学校に行けず、休み癖がついて、中学に入ってもなかなか行けませんでした。今、中学3年生でランクの問題で行きたい高校に行けなさそうで、なんだか未来が不安になりました。「あー、私が周りを気にせずポジティブに生きられる性格だったら、こうならなかったのかな」とたびたび思います。

小学生の私は今よりも心に余裕がなく、お母さんにひどい言葉をたくさんかけてしまいました。一番私を気にかけてくれていた人なのに、近いからこそたくさん文句を言ってしまいました。学校で配られる相談できる電話番号のやつも「なんでそんなに深く考えるの？」って思われそうで、怖くてかけたことないです。全部が怖い。これからもそうなのかなって思うと人生が嫌になる。

ミオ（14歳・女性・北海道）不 自 い

学校を休む理由が体調不良だけじゃなくなってほしい。学校を休みたい。何もしたくないという時、親に理由を聞かれると、どうしても学校を休むのは体調不良の時だけという風潮が頭をよぎり、何も言えなくなってしまう。

親にだらけてると思われるし、ひどいいじめを受けているわけでもないから、つらいことがあっても学校を休みたいと言い出せなくなる。

あーちゃ（11歳・状況によって変わる・熊本県）不 声 家

Chapter 5

進学・就職・夢

好きなこと、学びたいこと、挑戦したいこと。子どもたちには、進みたい道がある。手に入れたい未来がある。そして同時に、大人にその夢を阻まれる現実に苦しんでいる。

いろいろなことに挑戦できる時間がほしい！　私には挑戦してみたいことがたくさんあります。今は作曲してみたり、弾き語りしたり、小説書いてみたり、投資を勉強してみたり、面白そうな資格を受けてみたり、学生のうちに起業なんかもしてみたいな……と思っています。

しかし、ただ生活するだけでもやることがぎちぎちでなかなか時間がつくれないです。だからと言って退学してまでやることはできません。今の自分は天才でもないです。だから、時間とチャンスをつかめるように願っています。

また、私たちのことを自分事として考えてほしいです！　コロナ禍になって、私たちの行事は中止や縮小が多くなりました。とくに、小さい頃から楽しみだった友だちと行く東京と北海道への校外学習は、大幅に縮小されて近場になってしまい、残念でした。けれど、先生方の試行錯誤によって、友だちと今もたくさんの思い出をつくることができています。しかし、街中で感染対策をしていないような大人も時たま見かけます。その時に私たちの気持ちを少しは考えてほしいなと感じてしまいます。

隣の家で焼かれたおもち（14歳・女性・茨城県）進 コ

学歴社会が変わったらなぁ、と思う。昔と比べて、学歴が仕事においてそれほど大事ではなくなったように思う。

41〔フォーティワン〕（13歳・男性・新潟県）進

学歴にとらわれない平和な社会になってほしい。

現代社会では学歴がなければ成功できないように感じます。私は都内の高校に通う高校生です。高校入学前は、高校生になったら部活をがんばって、友だちと遊んで、恋愛もする高校生活に憧れていましたが、実際はそうではありませんでした。

今、私が学校に通う一番の目的はテストで良い点数を取るためです。テストが終わったと思ったら1ヵ月後にまたテストがやってくる。気を抜く暇などありません。友だちと遊んでいても成績が気になって仕方ないのです。常に自分を追い込んで生活しています。最近はゆっくり音楽を聴きながらボーっとする時間が一番ほしいです。

政治家に定年制を適用してほしい。正直、今の政治家たちにはうんざりさせられています。早く立場を若い人に譲って辞めてもらいたいです。クラスでもこの話で盛り上がることは多々あります。

アサリ（16歳・女性・東京都）進 政

大学卒業まで、国がお金を出してほしい。私は国公立大学入学を目指して、勉強中の高校2年生です。父と母は、コロナ禍で仕事が減り収入も減ってしまいました。正直、一家6人の食費を賄うだけでも精一杯です。こんな状況で、私は大学に行けるのか、学びたいことを大学に行って学び続けることができるのか。進学を諦めて、働きに出たほうがいいのではないかと、葛藤の日々です。

住んでいる地域でのいろいろな格差を解消してほしい。我が家は過疎地にあるので、何をするにも車やバイクが必要です。私は今年から原付の免許を取得し、移動については親の支援が減ってきたと思います。ですが、下の兄弟たちは、何をするにも車での移動となります。バスは廃線になり、お年寄りの通院のためだけのコミュニティバスだけです。子ども食堂にも、遠くて行けません。何のための子ども食堂ですか。過疎地の貧困層には、そこに行くための手段もないのに。独りよがりの制度だと思います。

4人兄弟のアニ（16歳・男性・大分県）進 金

スクールカウンセラーになりたい。毎週火曜日にスクールカウンセラーの人とお話をしていて、いつも話を聞いてもらっているから、今度は私が話を聞いてあげたいと思ったから。

マロンアイス（10歳・無回答・愛知県）進

一人ひとりが輝ける世界でありますように。私は、今年（2022年）高校3年生で、もうすぐ受験という時期に高校を進学校から通信に転校しました。理由は、学校へ行く意味がわからなくなったからです。私は、何のために大学へ行くのか、今の社会には何が足りないのか、正解がまったくわかりません。今の大人は私たちに何を求めているのかも正直わからないです。学力だけで人を見るのではなく、才能や個性も大事なのではないか、と思います。だから私は、一人ひとりが個性などで輝ける世界を望み、実現すればいいなと思ったからです。

そして、もっと子どもの可能性を見てほしいです。現状の学校は、学力テストなどで私たちを採点しているけど、もっと実技や才能なども見て、将来の可能性などを広げてほしいと思ったからです。

むぎちゃ（17歳・女性・広島県）進

お金のことを何も気にせずに大学に行きたい。私は美大に進学したいのですが、とにかく学費が高いうえ、制作費、施設利用費などがかかり、生活費を含めずに考えても、私立大学であれば卒業までに1000万円必要と言われています。そんなことを言うなら公立に行けばいいと言われてしまうかもしれませんが、唯一の国立大学である東京藝術大学は現役で入学することは難しく、その次にレベルの高

い学校となると東京五美大と呼ばれる私立になってしまいます。

卒業後のことを考えると、できるだけ有名であったり、周囲の人のモチベーションが高かったりすることも含めて、整った環境で学びたいので私はその私立を目指したいです。また、それらの大学は呼び名の通り東京にあります。メディア系の企業の多くは東京に集中しているうえ、地方と東京を比べると情報速度も文化資本もまったく違います。もちろん地方にも良い点はありますが、インプットの機会もアウトプットの機会も格段に多いのが東京です。いくらインターネットが発展した現代でも、就職するにしても、作家として活動するとしてもチャンスをつかみやすいのは、やはり東京だと私は思います。

しかし、最初にも書いた通り学費だけで4年間で1000万円、生活費も合わせればもっとお金がかかります。親に援助してもらったとしても、在学中にバイトでお金を貯めても、おそらく500万円に近い奨学金を背負わなければ大学に行けません。

海外の、とくにヨーロッパ圏の大学では学費が安く、年間10万円に満たない国もあります。それに比べると日本の大学の学費は高すぎるように思います。また、卒業し、就職できても日本の新卒の平均の手取りは17万と言われており、奨学金を返済しながらであれば、ギリギリの生活しかできないでしょう。大卒が当たり前というような社会であるにもかかわらず、多くの大学生は奨学金という借金をしなければ大学に通えない現状はおかしいと思います。学ぶことが贅沢品になってしまっている気がしてしまいます。

ヨモギ（17歳・女性・群馬県）進 金

歌を歌いたい。親に気を使って、普通の大学を目指そうとしているけど、本当は音楽の道に進みたいという気持ちがある。親は女手ひとつで育ててくれていて、迷惑をかけたくない。気持ちが葛藤している。

人にはいろんな人がいるんだということを理解してほしい。TikTokやInstagramなどのツールで歌っている人たちに対して、小学生から大人まで、誹謗中傷をする人がたくさんいます。小中高生たちは親や大人の人たちを見習って成長するものだと思います。もちろん、人にはさまざまな意見があると思いますが、暴言を吐くことはないかと思います。人が亡くなられているというのをしっかりと自覚してほしいと思います。

そーま（16歳・男性・長崎県）進声

考える時間がほしいです。小学生の頃、周りの目を気にしすぎるあまり、周りに認めてもらいたいという気持ちが強く、医療関係の仕事に就くと常に口にしていました。しかし、いざ専門学校に入学してその将来に向かって本格的なことになると、私は、こんな曖昧な考えで将来を決めていいのか？　本当になりたいのか？　周りの目を気にして決める、これが私の人生なのか？　など考えることが多くなりました。

しかし、実習やたくさんのテスト、宿題などから深く考える暇はなく曖昧な考えのまま進んでいる自分の将来に不安しかないし、楽しみが一切感じられないからです。

小学生のうちからたくさんの職を幅広く知れる本を図書館や図書室にコーナーとして作ってほしい。まず小学生の、まだ社会をあまり知らないうちに将来の夢を書かせる必要はないと思うのですが、教室に書いたことが並べられることにより、自分はあれしかないと、気づけば思い込んでしまう時があったからです。

また、その社会をあまり広く知らないうちにたくさんの職を知っておくことで、一人ひとりの将来の幅が広くなると思うからです。

にな（18歳・男性・佐賀県）進

将来的な不安の解消。ひとり親世帯です。大学に行きたいのですが、我が家にはお金がありません。塾に行かないと上位の大学に行けません。親は自分でがんばって、と言いますが、限界があります。付近の私立大学ならば合格できそうですが、学費が高すぎて難しいです。

我が家は非課税世帯ではないので、給付奨学金は申請できません。母は寝る時間を削って働いていますが、税金が高すぎると悲鳴を上げています。市県民税と健康保険料等の支払いが月10万円を超えていました。政府は支援をしていると言いますが、母は税金を払うために働いているように見えます。母が疲れているのに、自分の要求を伝えられません。母のようになりたくないので、もっと稼げる仕事を見つけるには、さらに上位の大学への進学が必須だと思っています。

良識ある大人が減ったと思います。ヤフコメには、給付奨学金に対する批判も多いです。低所得世帯に対する支援が増えているなか、そこから取りこぼされた我が家のような大人のひがみに見えます。我々の手本になるような議論ができる大人が増えるといいと思います。子どもの声が届いてないから……。

娘（18歳・女性・愛知県）進家金

自分の作ったもので人を笑顔にしたい。大人はよく子どもに「将来の夢をもつことはいいこと」「将来の夢をもちなさい」と言います。けど、高校生くらいになると、大人は「現実を見なさい」「もっと現実的な夢をもちなさい」と言います。どうしてそんなことを言うんですか？　子どもたちのもつ夢を否定しないでください。子どもは大人が思っている以上にいろいろ考えています。自分の夢を否定される気持ちを大人にもわかってほしい、大人にも意見を否定される気持ちをわかってほしいからです。

dｒｉｓｕ（16歳・女性・三重県）進

春から高校3年生になりました。県内の私立高校に通っています。学校は、1年生の頃から進路について情報収集を積極的に行うように集会や講師を招いて早い段階で準備をはじめるという方針でした。ですが、私はスポーツ推薦で入学したため、1年生の時から進路についての明確な目標はありませんでした。でも、高2の夏から学びたい分野の学校資料などを請求して自分から進路に向き合いはじめました。私は入学前から「デザイン系の職業に就きたい」という夢をもっていたので、何がやりたいのかわからないという悩みはありませんでした。

しかし、資料請求した学校のパンフレットや、ネットで調べるうちに「お金」の問題に直面しました。母子家庭で高校はスポーツ推薦で入学できたものの、奨学金は対象外で家計に負担をかけてしまう分、引退まで全力でやり遂げると誓い、通わせてもらっています。高校ではやりたいことをやらせてくれている母親にとても感謝しています。

そこで、大学進学を考えるとなった際にまたこの問題が浮かびあがってしまいました。母も理解しようと仕事に励んでくれ、なるべく私の力になろうとしてくれていることを知っています。それでもやっぱり、行きたい学校には学費面や生活面を考えると難しさがありました。それを知った私はもっと負担をかけない方法はないか国公立や県内の大学を調べたり、先生に相談をしたりしていました。時には、離婚によってしばらく会っていなかった父親に頭を下げた時もありましたが、両親の間で決めていたこともあったようで、援助はできないと言われました。

そのことから母と対立してしまうことが幾度もありました。自分にもできることはやっていると勘違いしていたのか、母を泣かせてしまったこともありました。先生には「お金のことで諦めてほしくない」と言われていますが、進路選択で誰を頼ればいいのかわからなくなってしまっています。そこで私は政府の方々に奨学制度の改革案を練っていただきたいと考えています。やっぱりやりたいことは曲げたくない！　そういう思いが強いので今回この場をお借りして、私の「声」を伝えさせていただきました。

まあるい世界（17歳・女性・新潟県）進 金

みんながみんな、自分が本当にやりたいと思うことを見つけて、その自分だけのやりたいことを突き詰めることで楽しく生きられる世の中を創れること。

はじめは天文学者になりたいって夢があったけど、学校でたくさんのことを学んでいくなかで自分にはそれが不可能なことかのように思えてしまって夢を諦めてしまった。自分でもそれは自分の意志が弱いだけだとわかっているけれども、それでも今夢を抱えている他の子やこれから夢を見つける子にその自分が見つけた素晴らしい宝物を諦めて捨てなくてもいい世の中を創ることが僕の新しい目標になったから。

紫陽花（18歳・男性・福島県）進

今を生きたいです。これからの未来のことばかり考えて今目の前にあることを大切にできていない気がするからです。周りからもまだ将来を心配しなくていいと言われるけど、目標がなければ、そこに追い風があっても意味がないと思っているので自分のコントロールが難しく悩んでいます。

そして、声を届けることができる場所をつくってほしい。「君の声が聴きたい」という言葉が胸に刺さったからです。私の声を聴いてくれる人が、届けられる場所があること。その存在があるだけで安心できるし、悩みが軽くなったりする。悩みを解決することより話を聴いてくれることのほうが大きな関門であるので声を聴いてくれる場所をつくってほしいです。

雲（16歳・女性・兵庫県）進声

私は今中3で、小さい頃から音楽が好きで専門的に音楽をやりたいと思ったので、音楽科がある高校に行きたいと思いました。なので、その高校に合格したいです。

親には「なんで!?」とか「特進コースに行きなよ」「普通科がいいよ」「やりたいこと決まってないんでしょ？」とか言われて、前に家庭訪問があった時は、担任の先生に「音楽なんか習ってたの？」「まぁ普通科のほうが道は増えるよね」とか言われて本当に嫌でした。

親に言えてないだけで、私には将来の夢がちゃんとあるし、言ってもどうせ反対されるから言えないんです。でもこれを言われたあとから、いざ受験になった時に音楽科に行くと言ったらまた何か言われると思うと怖くて、普通科に行こうか悩んでいます。でも夢は諦めたくない。それでもまた反対されるのが本当に怖い。なので、少しでも大人が夢を応援してくれればいいのにと思いました。

うい（14歳・女性・熊本県）進

大好きな音楽を通して、さまざまな人たちに自分の声、考え方、意見、メッセージなどを届けることができる、表現できる人間になりたい。

伝えたいことをすぐに言葉に表せず、とにかく不器用で、周りのことも考えられなくて、そして将来を不安げに生きている自分にとって「表現」が自分の意思を乗せられる唯一のものであって、一生大切にしていきたいから。

「違い」による対立がない社会を一日でも早く実現

してほしい。いろんな大人が「多様性」だとか「尊重」だとか言っておきながら、結局価値観や生き方の違いに対して先入観をもち、争ったり卑下したりしてしまうのは我々子どもよりも大人のほうが多いと感じる。

ひら（15歳・男性・東京都）進声

自分の行きたい大学に進学する人が一番多く、偏差値が高くないと入れない高校がある。そこに行くためには、学力をつけるための学習がたくさん必要。でも家で学ぶにはいろいろと無理がある。入学したとしても、その高校の近くに下宿するか、自宅から片道1時間以上、電車代、バス代をかけて行かないといけない。そのことを考えると、進学先がかなり限定される。学びたい場所で学びたいことを学ぶ、ってだけのことが難しいなんて思わなかった。

それと、「出生率」という「数字」を上げることを目的にしないでほしい。親にも、子どもにも、命がある。人生がある。夢や希望を叶えることすら難しく、どうしようもない属性で差別され、迷惑がられる。犯罪被害に遭う。こんな国で子どもが増えるわけがない。出生率も幸福度もなぜ低いのか、その根本的な理由を考えることすらしていないんじゃないかと思う。

信用できる大人がいない。親はスマホに夢中。まともな政治家はいるのかどうかわからない。教師は疲弊しきっている。メディアの思想は偏って、批評の類すらない。すぐに期待通りになる子どもが求められる。子どもを邪険に扱っていたから、今さらになってとり繕《つくろ》おうとしているのが見える。こんな大人にはなりたくない、という人間ばかりで、「こんな大人になりたい」が見えない。

子どもにこんなことを書かせる社会で生きるにはどうしたらいいんだろう。

MM（14歳・女性・秋田県）進政

心理学の大学を目指すことを否定しないでほしい。まだ、はっきりと決まったわけではないけれど心理学を極めてみたい。ただ私立に進学して、しかも写真部に入ってカメラを買って、お金は消えていくのに周りの大学はほとんど私大で、国公立は私の偏差値じゃ難しい。そうやって考えるほど、どうすればいいかわからなくなっちゃう。

父親には少しだけ冗談っぽく言えたけれど、本気にしているかどうかはわからないし、母親には言えてないけど、私がはっきりと言った時に笑わないでほしい。私は、なんでもかんでもできるわけではないし、親に「○○やった？」と毎回聞かれたり、先生に「あなたたちは○○だから××しなくちゃ」と決めつけられたりされたくないから、過度に期待しないでほしい。

サトリ（15歳・女性・愛知県）進

小説家になって、自分の作品が漫画化、アニメ化されて、大好きなバンドにオープニングを担当してもらいたい……という将来の夢を親や家族に伝えられる勇気がほしいです。家族仲は円満だけれど、自分のしたいことをあまり話さずに過ごしてきました。

朝起きてから寝るまでのほとんどの時間を、私はスマホを眺めることに費やしていますが、家族はずっとゲームをやっていると思っています。私自身がそう思わせています。でも実は小説を書いたり読んだり、日々将来に向けて勉強を続けています。

「いつもゲームやりすぎだ」とか、「もっと将来のことを考えろ」とか言われていて、へらへらとやり過ごしてきましたが、そろそろ本当にしたいことを家族に話してみたいです。でも話すのが怖くて、ずっと騙していたから、裏切られた、最低だ、なんて言われたり、怒られたりしたらとても悲しいので言えずにいます。

私の願いは勇気をもらうことです。もし夢が叶っても、家族に打ち明けられなかった日を思い出してきっと後悔します。怒られても、家を出されることになったとしても、胸を張って将来の夢を語れる自分になりたい。本音を言うための勇気がほしいです。

もちもちもっち（18歳・女性・神奈川県） 進 家

★

私の願いは、宇宙飛行士になること。それは、女性が少ない分野だからです。私は、『宇宙戦艦ヤマト』を見て、宇宙飛行士になりたいと思いました。

私の親は、女らしくということをとても重視します。例えば、スカートしかはいてはダメなどと言われます。明らかに時代遅れだと思いますが、学費、生活費、すべてを見てもらっている立場である以上、何も言えず、とても悔しい思いをしています。

私は、いわゆる女の子が見る『プリキュア』などが、つまらなく感じました。当時、4歳くらいだった私は、感情表現がうまくできず、大泣きしました。そうすると母親が、「これをつまらないと言う女なんて、あんたくらいだよ」と言いました。なぜか、ずっとその言葉が幼い胸に残りました。

さらに、年齢が上がると、私に裁縫などをやらせはじめました。私は裁縫があまり得意ではありませんし、刺しゅうなんてもっと苦手です。そのあまりにも遅い上達スピードに母親が放ったひと言が胸に深く刺さりました。「そんなんじゃ、いいところのお嫁さんにはなれないね。本当に女らしくない。女として生きてる価値ないよ。『仮面ライダー』のフィギュアも『ウルトラマン』も捨てるからね。本当にくだらないものしか見ないし、何が面白いの」。自分が大好きなものをけなされたことのショックは、「人によって考え方は違う」と念仏のように唱えて乗り切りましたが、存在を否定されたことが、今も尾を引いて、自分らしくと言われると、どうせ口先だけ、と思ってしまいます。

私が宇宙飛行士になる決意を固めたのは、今年

（2023年）2月28日、米田あゆさんの記者会見を見てからです。女性でも輝けるんだ、絶対に挑戦しよう、と固く思いました。

ぬり（13歳・女性・東京都） 進 ジ

　自分で叶えたい願いは恩師の先生のような人になりたいということです。自分みたいに悩みをもった人の一歩前に立って道を照らしたり、周りを笑顔にしたりしたい。小さないじめで思春期に不安やトラウマを抱えて普通の中学生活を過ごせないまま、高校生にもなれなかったけど、支えてくれた人や未来に目標と希望をくれた恩師に胸を張れるような人になりたいから。

僕の声（17歳・男性・埼玉県） 進 学 い

子ども用の無料の寮を造ってほしい。子どもがひとりで自由になれる場所がほしい。子どもだってひとりの人間なんだからひとりになりたい時はある。
　それと、大人に縛られないで自分のやりたいことを自分らしくやりたい。子どもでも夢だってあるし、現実的じゃなくても絶対できないことはないんだから。今が一番若いから、今できることは今挑戦したい。
　ネットは見た目の偏見にとらわれないでまっすぐ相手を見ることができる。ネットに依存するのは、リアルよりつらいことがないから。誹謗中傷になるっていうけど、リアルで病む人のほうが多い。ネットなら味方が必ずいる。ネットを唯一の居場所にしている人もいる。逃げるなって言うなら、溜め過ぎればいいの？　ネットをやめろとか古いからやめてほしい。

ミーナ（14歳・女性・茨城県） 進

いまだに学歴で差別する社会、やめたほうがいいと思いますよ。小学校、中学校は義務教育。高校からは義務教育ではない。なのに、なぜ行かなければならないという雰囲気なのかわからない。なぜ、なぜ、周りの大人たちは「あなたのことだから関係ないけど」と言うくせに、いざとなると「あなたのことを思って言ってるの」と言うの？　気になる。好きで高校に行かない人、行きたくても高校に行けない人、嫌なのに高校に行けと言われる人。いろいろいます。たくさんいます。高校に行ってないだけで、こんなにも働くことについて差が出るなんて、おかしいと思いますよ。

今の社会の悪いところ。学歴差別。私は、高校に行きたくない。でも、親、先生が行けという。義務教育じゃないからいいじゃん、とも思いますよ。思うけど、それを言ったら怒られました。なら、高校でも大学でも、学校と名のつくところはすべて義務教育にしろよ。だから、今の若者は、心が疲れてる。義務教育じゃない学校に行っていないと働けない。そんな馬鹿げた話がどこにあるんですか。ここに、今のこの現実社会にあるんですよ。

そら。（15歳・無回答・群馬県） 進

さまざまな将来の選択肢を教えてほしいです。子どもは、知っている狭い世界のなかでしか将来を考えられません。中学高校大学を卒業して就職する、という道だけではなく、もっとたくさんの進路や職業の選択肢を知りたいです。

わたわた（14歳・女性・神奈川県） 進

教育にかかる費用をなくしてほしい。もともと海外留学が夢でしたが費用の問題で断念することになりました。目標がなくなっちゃいました。この目標ができてからずっとがんばってきたので残念です。お金がある友だちは留学に挑戦するとのこと。近くで、

私がどうしてもできないと諦めてしまった夢に対してがんばっている人を見ると悲しくなります。本当に望んでいる人にはチャンスは巡ってこないんだな……と日々考えています。

スマホ依存症（14歳・女性・東京都）進 金

私たちがやりたいことをすべて否定しないで、あたたかく見守っていてほしいです。それがたとえ大きな失敗となってしまっても、その失敗が学校で学ぶことよりも大きな学びなんだと思って見守っていてほしいです。

もちろん、肯定して応援してくださる方々もいます。ですが、一部の人は最初から「君にはできない」とか「もう少しマシなことを考えて」と言ってくる大人たちもいます。「そんなことで、やりたいことがポキッと折れてしまったら、その程度のやりたいことだったんだ」と言わずに、子どもたちがやりたいことをやりたいと言える、行動できる環境を大人や社会に創り出してほしいのです。それで、失敗したり挫折してしまったら、責めたりするのではなく、「失敗も挫折も悪いことではない。逆にいい経験なんだ」ということを教えてほしいと思いました。

かえる（15歳・女性・石川県）進 声

この世界のみんなが好きなことに全力で楽しめること。最近までの私の悩みは、「好きなことがない」ことでした。何に対してもそこまで興味がわかず、すべてにおいて月並みかそれ以下。何を追いかけて日々勉学に励んでいるのか、自分でもよくわかっていませんでした。

そんななかで昨今のコロナ禍。私たちは人生に一度しかない、短くて貴重な「学生」という期間を日々蝕まれています。しかし、そんな機会をチャンスと捉え、思い切っていろいろなものに挑戦し、意識的に視野を広げてみました。すると、私は「アプリ開発」という新たな趣味を見つけました。陸上部の私は、学校の展覧会に向け、ランニングを計測できるアプリを開発しました。日常生活をはじめとする身の回りの出来事を自ら探し、それを解決するための方法を自ら考える。そして、それを自ら「アプリ」という形にすること。「アプリ開発」を機に、社会や身の回りの問題に対して、より注意深く観察し、「じぶんごと」として捉えることができるようになった気がします。

今は友人とともに、新たな課題を解決すべくアプリを開発しています。しかし今の地球は、このようにみんながみんな「好きなことに全力で楽しめる」環境ではありません。身の回りのことを「じぶんごと」として捉えることが、この〝願い〟への一番の近道だと思います。地道ではありますが、きっと光がさしてくるはずです。

もっと学生に優しい世界に。自分の「好きなこと」を見つけて楽しむには、まずはいろいろなことに挑戦する必要があります。しかし、それには「お金」は少なからず必要です。今の学生は、「日々の生活で精一杯」「お金がないから自分の夢を断念せざるを得ない」という人も少なくありません。近年よく報道されているように、「ヤングケアラー」もそのひとりです。

将来の未来を担っていく素晴らしい学生を育成するためには、社会全体が協力する必要があると思います。大人のみなさんが、少しでもその活動に手を携えてくれれば、きっと未来の世界は明るく豊かになるはずです。それは大人のみなさんにとっても、決して悪いことではないはずです。もっともっと学生に優しい世界で、将来のリーダーをみんなで一緒に育てましょう。

やまこう（16歳・男性・東京都） 進 声 政

自分の思いを伝えられるようになりたい。私は、自分が思っていることをうまく伝えられない性格で、とくに家族には自分の思いを塞ぎがちになってしまいます。

この間、志望校について家族と話した時に、私立で行きたい高校があったけど、県立の高校を第1志望で、私が行きたいと思っている高校は第2志望という流れで話が進んでしまいました。この時、何も言えなかった自分にすごく後悔しました。それと同時に、家族にうまく思いを伝えるにはどうすればいいのかと疑問も抱くようになりました。

こたつ（15歳・女性・茨城県）進 家

将来の夢を否定しないでほしい。18になってやっと見つけた夢だから。音楽関連の道に進みたいと、最近強く思い、親に打ち明けたところ、少し苦々しい表情をされた。もちろん金銭的に考えると、安定した職に就くのが一番であり、親としても安心なのだろう。それは痛いほどわかっている。

だが、自分は音楽が好きで、音楽に生かされたといっても過言ではない。人生は一度きりなのだから好きな音楽と生きさせてほしい。だから無理にとは言わないが、否定しないでほしい。

新田。（18歳・よくわからない・香川県）進

したいことをする勇気がほしかった。諦めることに慣れてしまったから。

あーの（18歳・女性・山梨県）進

自分の心の声を聞いて、本当に心から叶えたい夢に向かって、生き生きと進んでいけるようになりたい。

私は小さい頃から、周りの人が褒めてくれることや、世間的にいいとされることばかりをしていたように

思います。怒られるのが怖くて人の顔色をうかがってばかりいたため、気づいたら自分が何をしたいのか、何が好きなのか、何をしていたら楽しいのかがまったくわからなくなっていました。だから、自分の心の声を聞けるようになって、自分がしたいことに気づいて、自分の夢に向かって進んでいけるようになりたいです。

ディズニー愛してる（18歳・女性・兵庫県）進 自

すべての若者及び子どもたちが、未来に希望をもって生きてゆける社会になってほしいです。

どんどん大人に近づいていくにつれ、具体的な将来の夢などをもっている人が少なくなってくる傾向が年々強まっていると感じています。実際、収入面などの問題から自分の本当にチャレンジしたいことを諦めてしまう人が自分の周りにもかなりいます。少子高齢化社会や広がりゆく格差社会などの問題から、自分の興味のあることにチャレンジできずに若者が未来への希望をもつことができなくなってしまっているこの現状を打破して、たくさんの若者が興味のあることにチャレンジしていけるそんな社会がくれば、きっとみんな未来に希望ももてるし、一人ひとりの生き方そのものがもっと輝いて素晴らしい社会になるのではないかと思います。

大人一人ひとりが自分の仕事に誇りをもって、仕事にやりがいをもっていて、そして楽しそうに生きている。そんな姿を子どもたちや若者に見せてほしいです。若者が将来に希望がもてない、成長するにつれ具体的な夢をもっていない人が多くなってきている要因のひとつとして、大人一人ひとりが自分の仕事に誇りをもてていないことがあると思います。働くことが中心の生活になりすぎてて、その姿が多くの若者にはあまり生きてて楽しくなさそうに映っていると思います。そんな大人がほとんどの今の社会に若者が未来に希望をもてるはずがないと思います。

もちろん働いて自立することは大変なことではありますが、そんな日常でも自分の仕事にやりがいや誇りをもって働いたり、生き生きとした姿勢を少しでも見せたりしていくことで、若者も少しは未来に希望をもって生きていけるのではないかと思います。

やまけん（17歳・男性・鹿児島県）進

Chapter 6

お金

さまざまな原因から家庭の経済格差が広がるなか、そのしわ寄せが子どもたちに重くのしかかる。大人に、社会に、彼らは切実に助けを求めている。

世の中の格差を減らしたい。

私の母はシングルマザーです。今は母方の祖父母の家に住まわせてもらっています。でも独立したいので母と私で引っ越しするつもりです。今は家を探しているんですが、金銭的な問題で、なかなかいい家が見つかりません。

同級生などは父親がいてお金持ちで、ほしいものをいっぱい買ってもらっていたり、塾に通えたり、ドリルをいっぱい買わせてもらえていたり、勉強・日常生活ともにとても余裕のある暮らしをしています。その同級生の子たちみたいにお金がほしいからです。

レキシオタク（11歳・女性・愛知県） 金 家

高校、専門学校や大学の費用をタダにしてほしいです。私の家はその日を暮らすのが精一杯なのに、それに学費をプラスするとキツく、将来の夢があるけど専門学校に行くお金がどうしても用意できないので「夢を諦めないといけないかも」と大人の人たちが私に言ってきます。

お金のことですごく悩んでいるのに、ニュースでは不正なお金の使い方が報道されていて、そのお金があるのであれば学生に回してほしいと思いました。

もっと生きやすい社会にしてほしい。「LGBTQ（※）が」とか「今の若いやつは」とか何かにつけて、偏見をもって発言するのをやめてほしい。自分自身を見て、正しい評価をしてほしいと思いました。

なー（17歳・女性・兵庫県） 金 進

※LGBTQ　性的少数者であるレズビアン、ゲイ、バイセクシャル、トランスジェンダー、クイア／クエスチョニング（→P・182）の頭文字。

僕の父親は、養育費を納めてくれません。父親自身、ギャンブルや飲食など、その他の遊びに費やし、多額の借金をしたにもかかわらず、きちんと養育費を納めたり、借金返済をするための十分な仕事をしたりしません。身体が健康にもかかわらず、やるべきことをしない父親に、兵庫県明石市のように自治体が代わって徴収し、ひとり親世帯の生活を守ってもらえたらと思う。

身勝手な父親により、母への負担はかなりのものになっています。そして、父親が何もせず養育費を納めないことが、当たり前のように遊んでいることが許せません。僕は、受験生です。夢があり、高校、大学に進学し、できる限り公立でお金がかからないようにしていくつもりです。奨学金も、申請はしましたが通らず、本当に苦しい生活です。

お金がなくても進学できる方法、または、しっかり養育費を納める政策を確立してほしい。離れて暮らす子どもに対しての責任を、きちんと果たしてほしい。ひとり親の給付の基準をもっと下げてほしい。正社員で働いてしまうと、給付が受けられないことが多いが、ギリギリでいただけないうちのようなケースは、本当に厳しいです。

たく（15歳・男性・茨城県） 金 家 進

公教育にお金をかけてほしい。塾へ行かないと、受験レベルまで教育が追いつかないなんて、日本の教育ってなんなんだ！　と思う。税金を公教育に使ってください。私たちには未来があり、この先何十年も生きていくためには自立しないといけないから。

チャンス（16歳・女性・埼玉県） 金 政

お金に困らない生活をしたい。お金がない。親は仕送りしてくれないのに、普通の収入があるせいで大学の授業料免除は通らない。がんばったけど奨学金ももらえなかった。全員にいい成績をつける授業があったらしい。

国立に入ったけど年60万くらいかかるし、寮は汚すぎて普通の生活ができない。クーラーがついてる家に住みたい。何をするにもお金がないしバイトで疲れて遊ぶ時間もない。

大学の学費が出せないなら子どもを産まないでほしい。ひとり親だったり、収入が低すぎたりする家の子どもは救われるけど、そこまでじゃない子どもを救うセーフティネットがない。ずっとぎりぎりのお金があるだけで救われない。

サイト（18歳・女性・大阪府） 金

奨学金を借りなくても、大学や専門学校に行けるように国が補助してほしい。今（2023年）の総理は、外国にばっかりお金を配って日本のためにまったく使っていない。若者の意見をもっと聞くべきだと考えるからです。

また、少子高齢化社会の今、もっと若者が子どもをつくりたくなるような政策をしてほしい。自分も奨学金を借りる予定なので、返すことで精一杯になって、子どもがほしくても、つくる余裕がないと思ったからです。

まい（17歳・女性・滋賀県） 金 政

物価や光熱費が高いなか、増税をできるだけ抑えてほしいです。増税の影響で、これからひとり暮らしをする人たちの光熱費が高くなったりして、生活に大きな影響を及ぼす可能性があります。

また、子どもの数が少なくなっているのは、子どもへの教育費や衣食住にお金がかかってしまうことから、子どもを産まないっていう方も増えてしまうかもしれません。なので、増税することによって、不便が起きてしまうと私は考えました。

まなまな（17歳・女性・沖縄県）金 政

高等教育を無償化にしてほしい。依然として、意欲や才能があるにもかかわらず、家庭の経済状況により希望通りの進学ができない学生が非常に多いのが現実です。表面化していないだけで、親に遠慮してそもそも言い出さない選択をする子どもも大勢います。

学びたい子どもに学ばせない。そんな国であってほしくありません。多くの子どもが、非常に萎縮しやすく、遠慮しがちであることをもっと考慮してほしいです。制度上は言ったもの勝ち、へたに遠慮する人が損をする。しかし、過度と言えるほどの遠慮や配慮を身に付けるよう教育され、求められる。無責任すぎると思います。

kasa（16歳・男性・兵庫県）金 学 進

授業料、お金（授業料）を気にせず、高校や大学を選択できればいいのに。両親が働いていても兄弟がいると行きたい進学先を考えなければいけない。あれだけ働いている親を見てても日本は給料が少ない。

テレビのなかの政治家は、年寄りが多い。若い人も政治家に入れて意見を聞いて国を変えていくような政策を出してほしい。国会という職場で平気で寝てる大人がいるのはおかしい。私たちは授業中に寝ていたら、指摘され、怒られ、ペナルティが課せられるのに。

はる（16歳・無回答・大阪府）金 家 政

教育を受ける権利があったとしてもお金がなければ進学をするのは難しい。学びたいことややりたいことに対してまっすぐ向き合うことができない制度をなくして、自分の学びたいことをとことん追求できるようになってほしい。地方と都会の教育格差（授業だけでなく校則も）がなくなってほしい。
　自分が今本当にやりたいことを家庭の理由やお金の問題、学校の校則、自分ではどうにもできないことを理由に諦めなければならないような状況が現状だから。高校までは地元でなんとかなったとしても、大学受験となるとお金もかかるし、その先の進学費用も必要になるのに、バイト禁止でお金も貯められない。授業は全国共通ではない。地方は都会より確実に劣っているから。

いしゃぽん（16歳・女性・静岡県）金 進

　人間はみんな安心を得たいと思って生きていると思います。安定した収入だとか、ずっと仲良くしてくれるお友だちだとか。私も安定した「おこづかい・人間関係・人生」等がほしいです。

失礼します（14歳・女性・福岡県）金

親たちの負担を減らしてほしい。毎日、お金のことで親たちが苦労しています。仕事がないわけではないみたいですが、さまざまなものが高くなり生活が苦しいみたいです。私たちは3人きょうだいです。高校の授業料が、公立と同じように私立も無償になればもう少し楽になると思います。私は高校生です。また、非課税者や貧困者だけでなく、給付金をみんなに配ってほしい。親たちが助かります。子どものためにと言うならお願いいたします。
　みんなが幸せになりますように。格差がありすぎるように見えます。私の親たちもそうですが、給料や立場の格差があるみたいで、帰ってくるとため息ばかりで、大変なんだなあと思います。

くまきち（16歳・女性・長野県）金 政

　1日だけ、進路のことやお金のこと、家族のことや人間関係のことなどすべて、何も考えなくていい、ただただ自由な時間がほしい（できれば学校がある日に……）。

今年から受験生になる私ですが、学校にいれば「進路、進路」、家にいれば「成績、成績」と、周りの自分の評価しか見ていない大人に言われるばかりです。ずっと何かを言われ続けられる日が続くと、さすがに私もストレスが溜まりに溜まって限界です。まだ本格的に受験などがはじまっていなくとも、息苦しい日々が続いています。

たった1日だけでいい、何も考えず、ただ思いつきで、お金のことも考えず行動をしてみたいです。学校がある日だと街中は人が少ないのでなおいいですね。とりあえず、すべてのプレッシャーに押し潰されない時間がほしいと思いました。

きお（17歳・女性・北海道）金 家

お金がほしい。それと、自分の家族が働きやすい環境にしてほしい。金銭面は進学がしたいから。かと言って正直バイト代だけだと工面しきれない点も多いし、家族の所得に頼りきるのもつらい。

親の仕事は、どちらも接客業なのですが、父が中国人だからか採用してもらえるところが少なく、採用されたとしても文字通り朝から夜まで働いているから、いつか倒れてしまいそうで不安だから。

nemuri（18歳・女性・千葉県）金 家

大学の学費を無料にしてほしい。母子家庭で母に苦労をかけて大学に通わせてもらっているから。大学に通って資格をとり、就きたい職に就職した時には母に楽をさせたいから。

はなはな（18歳・女性・愛知県）金 家 進

お金がほしい。お金があれば生きていけるから。

大人はもっと子どもの意見に耳を傾けるべきだ。自分の意見はちっとも聞いてくれないし、何か言ったら「言い訳するな！」「だまれ」などと言われて。毎日が嫌になってくる。自分には生きる価値はないのか？

@Sakura（10歳・女性・北海道）金声

大学の学費をタダにしてほしい。ただでさえコロナに物価上昇が重なって大変なことになっている社会で、この先奨学金という名の借金を背負いながら生きていくことがとても怖いからです。

SNSなどを見ていると、40代、50代でやっと返し終わったという人も見かけます。奨学金を借りた人全員がそうだというわけではないでしょうし、その人たちにもそれだけ長引く特別な理由があったのかもしれません。だとしてもそれだけ長く借金に足を取られながら生きていくというのは、考えるだけでつらいです。

給付奨学金は、家庭の所得によって制限がかかっていたりするので、そもそも条件にさえ引っかかることができなかったり……所得の高い家庭も、所得の低い家庭も平等に学べる機会を与えたいと言うなら、大学の学費をタダにしてくださったほうがずっと気持ちが前向きになるのになぁ、と思いました。

ツナ缶（17歳・女性・神奈川県）金進

大学や高校の学費がもっと安くなって、たくさんの人に学ぶ機会が増えればいい。お金が必要でも給付奨学金の条件が厳しく、認定がもらえない人がたくさんいるから（私もそうだった）。

ピッコリーノ（18歳・女性・鳥取県）金進

ひとり暮らしの学生に、帰省する費用の支援をしてほしい。家族や地元が好きだけど、自分の学びたいことが学べる大学に進学するためにひとり暮らしをはじめました。

ですが、1ヵ月に1回ぐらいのペースでホームシックになります。実家に帰ろうと思うと、新幹線を使わなければならないので、乗車券のみの学割ではさほど安くならず、往復2万円ほどもかかります。自分のバイト代から出すのですが、毎月2万円も出費できません。私はまだ2万円で済みますが、大学の友だちのなかには飛行機じゃないと帰省できないし、年末年始はフライト代が高騰するため帰れないと言っている子もいます。地元が好きで、地元での就職も考えているのに、帰れないのはなんとかしてほしいなと感じます。

えいる（18歳・女性・東京都） 金 他

★

お金がほしい。家がないから。団地に住んでることがバレたら、変なふうに思われそうで、家に帰る時は人が通らないか確認して、コソコソ家に入る。つらい。

大人にお願いしたって、社会にお願いしたって、叶う願いじゃないことはわかるので、何もないけど、とにかく家がほしい。

だるま（16歳・女性・茨城県） 金

☆

給付奨学金の年収制限をもっとやさしくしてほしい。父子家庭、3人姉妹の長女です。今年、大学に進学しますが、年収制限に引っかかってしまい、給付奨学金をもらうことができませんでした。貸与型の奨学金も、高い利息のつくものしか借りることができません。

父親は私たち姉妹を養うため、そして別れた母親を支えるため、ずっとひとりで働いてくれています。世間から見ると、ひとり親のわりに年収は高いのかもしれません。しかし、3人分の学費を賄うことは本当に難しい。3人とも幼稚園からすべて国公立校ですが、妹は大学にすら行くお金がなく、次女は大学を諦めて商業高校に進学しました。私だけ普通科に進学し、大学進学することが本当に申し訳なく、どうしたらいいのかわかりません。大学で研究したいテーマまで考えていたのに、家庭のお金を使い切ってまで大学に行く意味がわからなくなりました。当然、私立滑り止め受験や浪人はできません。落ちたらどうなるのかもわかりません。とにかく今は、大学に行かせてくれる父親に感謝しながら、毎日受験勉強に励んでいます。

給付奨学金がほしいです。大学で学びたいことがあるのに、お金のことを考えて毎日震えながら、滑り止めなし、浪人なしの受験をするのがつらいからです。妹2人の未来を、私の大学進学のせいで制限してしまったからです。

ゆの（18歳・女性・岡山県） 金 家 進

Chapter 7

政治・世界

長引く戦争。納得のいかない政治。環境のこと、貧困のこと、差別のこと、教育のこと。子どもたちは常に考えて、心の底から声を上げ続けている。

僕の願いは世界平和です。今、ロシアとウクライナが戦争をしています。そのようなことが起こってはいけないと思います。今『スプラトゥーン2』という名前を前にしている人がたくさんいます。名前を〝NO WAR〟という名前を望んでいます。世界が平和になれば僕もみんなも幸せだと思います。

中学校でSDGsについて学んでいます。その時に男女平等はよく取り上げられています。そのようなことを中学生が学ぶよりも大人や社会の人に学んでほしいと僕は思う。中学生が学んだところで解決にはほど遠い。しかし、大人が学べば男女平等の社会はすぐそばにあると思う。

ゆむ（12歳・男性・埼玉県）政

世界中の人々が「平和」でいられることを願います。ある日、突然日常が大きく変わり果ててしまったことを受け、私はショックでした。今やコロナとともに生きる時代、ウクライナのように傷だらけになる人。貧困の人々の食料の少なさ……。いつまで経っても終わりが見えない。終わりが見えないから、やりたかったこと、楽しみたかったことがすべて制限されていって私は苦しかったです。

でも、私以上に苦しんでいる人がいるということ、生死の狭間にいることがとても怖いです。その怖さや苦しさを知らずに、今を生きる私たちはなんだか申し訳ない気持ちになってきます。もし、世界中が晴れて幸せになれたなら、私も嬉しいし、家族や友人、先生、たくさんの「人」が笑顔になれるとしたら、単純だけど嬉しいからです。

人の気持ちに寄り添ってほしいです。人々の気持ちは、本人が直接伝えなければわかりませんが、「こんなこと言っちゃまずかった」とか、「悪いことしてしまったかな」など、まず、その言葉を話す前に、まずそのことを実行する前に、本当にこれでいいのかを考えてほしいです。これが本当にいい答えなのかを考えてほしいです。人の体だけではなく心も傷つけることは良くないことですが、それをしないためには気持ちを察してあげるということも必要だと、私は思っています。人の気持ちを考えて、相手と仲良くすれば、プラス思考をどんどん増やしていけて、きっと毎日が幸せだと思うからです。

IZUMI（13歳・女性・茨城県）政

とにかく世界が平和になること。ロシア・ウクライナの戦争によって、両国の人々の暮らしが脅かされていたり、自由が奪われていたりすることに深い悲しみを感じるからです。とくに、ロシアの人々を差別する風潮には市民同士が言葉で戦っているように感じられて、最も悲しく感じます。このようなことがなくなることを願っています。

間違ったことを継承することをやめてほしい。ジェンダーによる差別や意味のない文化を続けないでほしいと感じます。人は常に変わっていかなくてはならないのに、それに抗い、男女により異なる制服や不必要な校則を定めることには、とても違和感があります。とくに、体育の集団行動はまるで軍隊のようで強い抵抗感があり、時代にふさわしくないと感じています。

ショー（14歳・男性・愛知県）政 学 ジ

全世界の平和を願います。平和がなければ何もできない。誰かと笑ったり泣いたり、恋をしたり、心を通わせたり、夢をもつことさえも難しくなる。そうなってしまうと、生きる意味を失う人が出てきてしまうのではないかと私は思う。死と隣り合わせで毎日怯えながら生きて、最後には自ら命を絶つ。大袈裟だと思われるかもしれないが、報道されていないだけでおそらくこのようなことが起こっていると思う。

私がスーパーに行った時、ウクライナへの支援募金箱が設置してあった。そこには小銭はもちろん、1000円札や5000円札が大量に募金されていた。それを見て、たくさんの人が「生きてほしい」「戦争を終えてほしい」と強く思っていることを感じた。それと同時に、実際に戦争が起こっているという現実を突きつけられたようで怖くなった。

もし明日、自分の住んでいるところで戦争が起こったら、平気で人が亡くなるようなことになったら……と考えると、私が書いたことは大袈裟ではないんじゃないかと思う。だから私は全世界の平和を願う。

パンのみみ（15歳・女性・愛知県）政

車がなくても労働や生活ができる世の中にしてほしい。現在、地方ではマイカーを持たないと生活できない地域が多くなっていると思います。私はSDGsや持続可能社会を考えると、将来働く際にマイカーや社用車を使いたくありません。でも、地元で働きたいと思っています。地方創生や経済的・身体的理由で、車を持てない・運転できない人のためにも、公共交通機関の充実が必要だと思います。

マイカーや自家用車を利用することを控えて、自動車の台数や製造の削減を行ってほしい。自動車は持続可能ではないと思います。また、新古車という、自動車を余分に製造している状態になっていることを考えると、本当に持続可能だとは思えません。ニュースで半導体不足というのを聞いていますが、このような余計な製造を減らせば、回避できたのではないでしょうか。

また、公共交通機関が危ぶまれているなかで、みんなでマイカーを利用することを減らして、公共交通機関を利用しないと維持できません。大人たちは、マイカー移動を行っていて自分勝手です。どうか、マイカー利用をやめて、みんなでバスや鉄道を積極的に利用するようにお願いします。

フェイスタオル（16歳・男性・茨城県）政

安定した社会が必ず続くことを願います。戦争とかミサイルとかコロナウイルスとか、ニュースを見るたびにめでたいことよりも暗いことのほうが多いし、ずっと同じことやってるように感じます。

それは、今の世の中で伝えないといけないことだから仕方ないのかもしれないし、どうにもならないけど、もしも戦争がなくてミサイルなんて存在してなくて、コロナなんてない世界だったら、単純だけどみんな穏やかに過ごせるのにと思ったからです。

いろいろなことを決めつけないでほしい。あーじゃなきゃだめ、こうじゃなきゃだめ。あーしなさい。こうしなさい。私の時はこうだった、って大人はよく言うけど、人間は進化してここまできたのに、今になってどうして変わることがだめなのかわからないからです。

日本は偉い人たちがみんな歳を取っていて、男の人が多いって聞いたことあるし、テレビを見ていて素直にそう感じました。若者の意見は良くないの？女性には権力がないの？もっと視野を広げなさいと言う大人たちにそっくりそのままお返しします。

この先の未来は君たちにかかっていると言うのなら何かを変えないと難しいと思います。日本で幸せに暮らせていることは本当に感謝します。どうか、日本の未来が明るく生きやすい世の中でありますように。

ぱんだ（17歳・女性・愛媛県）政

自らの愚かさに気づいてください。戦争で多大な犠牲を払ってもまだ戦争をやめず、原発事故を起こしても、原発を良いものとして扱い続けて、地球温暖化が進んだら、今の暮らしは続かなくなるのは目に見えるのに、他人事として捉え、事態はもう絶望的なのにサステナブルと言ってゆるく誤魔化すような平和ボケしている大人たちには、もう絶望しかありません。

目に見えることだけじゃありません。平和ボケしないでください。積み上げた悪事が返ってこないことなんて絶対にありません。もうわかるはずです。現実から目を背けないでほしい。いくら現実が凄惨な状況でも目を背けるのは良くないと思う。やがてそれは絶対に良くない結果を招くから、対策をしっかり練って、誰もが環境破壊の現実に立ち向かえる社会にならないといけないと思う。

魚（12歳・男性・神奈川県）政

地球温暖化についてもっと知ってほしい。社会や家庭科、英語の授業など、さまざまな教科で地球温暖化について学びました。私たちがいなくなったとしても地球は生き続けます。そして、私たちの子孫にもずっとつながっていきます。この先の人のため、生き続けられる地球を守るために誰もがことの重大さを知り、取り組むべきだと思います。

議論する内容を改めてほしい。国会などの議論を見てみると、常に議会内で争いをしているイメージがあります。議員の不正などの真実を知りたいのではありません。国のために、国民のためにどう取り組むべきかを議論してほしいと思いました。

梨りんご（17歳・女性・東京都）政

世界中を平等に豊かにしてほしい。今、大きな戦争が起こっているから毎日ニュースでその様子を知ることができていますが、そのずっと前から紛争や貧困は各地で続いていて、同じような歳や私より小さな子どもたちまでもが未来を奪われている世界は、ずっと昔から変わっていません。

私はたまたま先進国に生まれたから何事もなく18歳になりました。でもこれもガチャみたいなもので、ただの運だなぁと最近の戦争のニュースを見て思います。何かが少し違えば、私は当事国の人間になっていて戦争に巻き込まれていたかもしれないし、貧困に苦しんでいたかもしれないし、文字の読み書きができなかったかもしれない。「もし、私がこの立場だったら」を考えて、毎朝のニュースを見ているといつもつらくなります。名前も知らない子どもたちだけど、他人事とは思いたくありません。だから、ただ〝裕福〟なだけじゃなくて、心まで豊かであってほしい。文学や音楽や勉強を楽しんで、大好きな家族や友だちと笑いあえて、美味しいご飯をお腹いっぱい食べられる、みんなが〝豊か〟な世界がほしいです。

私という個人を認めてほしい。よくTwitterとかで「学校は個性を抑圧しすぎ」って言うけれど、あれは別に学校が抑圧してるんじゃなくて学校のなかの生徒同士の無言の同調圧力がそうしてるんだと思っています。学校の先生は無条件に生徒に嫌われがちだけど、ちゃんと聞けばまともなこと言ってることが多いと思います。たしかにたまに変な人もいるけど、私は教師という人間を信頼しています。

学校では「メイクしちゃだめ」って言うのに社会に出ると化粧するのがマナーだったりだとか、そういうのは古いしおかしいなと思うけど、大抵の個性の抑圧は生徒同士の仲が冷めてるからのような気がします。そんなに仲良くないから個性を出せないだけ。そもそも抑圧というか、自分で勝手に押し込めてるだけのような気もしてる。学園ドラマみたいな熱い人間関係を求めているわけじゃないけど、やっぱり個性を出せずに、好きなものを好きと言えない場所は息苦しいから、仲良くなりたい。

そして、私を否定しないで、認めてほしい。クラス単位からそういう風潮が広まって学校単位になって、そういう学校で育った人たちが社会に出れば、みんなでみんなの好きを認め合える社会になるんじゃないかなと思うんです。

しか（18歳・女性・新潟県）政 自

老若男女が生活しやすい世の中になってほしい。現状として政治に関心がない人たちが多く、投票率にしても年齢層が高い。政治家たちも自分に票を入れてほしいので投票に行く人たちのことを大事にするため、若者に対する支援等が極めて少ないと思ったから。

ヤマト（16歳・男性・京都府）政

世界で生きているすべての若者に教育を施すこと。今、世界では戦争が起きていますが、なぜ戦争を起こしてしまうかというと、人類のあやまちや歴史を学んでいないからだと思います。教育を受けることにより、最低限の歴史や教養を得られ、最低限の人格を形成させることができると思います。

なんでずっと一党独占状態が続いてることに不満を抱かないのか。なぜ他の党に票を入れないのか。もっと世界の教育をテレビに出すべきだし、日本の教育がどれほど遅れてるか、もっと日本の教育を批判すべきだと思う。〝critical thinking〟。長く続いてるものって大体、癒着なりお金的な問題が出てくると思う。自民党に入れてもらう代わりにお金を払うとかなど。教育は本当にすべての基本であり、それが人、社会、世界をつくってるものだから。本当に一番力を注ぐべきものだと思うから。

hurry rice（18歳・男性・東京都）政

自分に、自信とそれに見合った実力がほしい。さらに強くかっこいい人になりたいから。

高等学校教育の義務化。国立、公立大学の学費を一律免除、生活費の援助。研究機関への投資額増加。議員の思考の若年化、理系分野への理解をもった人々の立候補。国債の返還……。

現在、最低でも高等学校卒業レベルの学力が問われることが多い。また、大学進学、卒業することも当たり前になりつつある。しかし、経済的な理由で不可能になっている人たちがいるため、経済格差のスパイラルが続いているのではないか。

次に、議員の思考の若年化だが、思想をもう少しだけ若者に向けるだけ、ただそれだけでいいと思う。研究の大切さや意義を理解せずにすぐに「その研究は何の役に立つのか」と問う人たちが理系の研究費の予算を出しているのは少し違和感がある。法律などを学んできた多くの人に物理学などが理解できるわけでもないのに。逆もしかり。完全に分離しているのが違和感を生じさせているのではないか。文理の分離ではなく調和した社会を目指してほしい。

最後に、国債の返還についてだが、発行された1年の国債の額は返済分を上回り、かなり危険な状態が続いているのではないか。日本のお金の価値が低くなるのも時間の問題だと思う。せめてこの世代で発行された国債の返還はこの世代で行うべきではないか。高齢者に向けての社会保障のために割いている半分だけでも国債の返還に当ててみてはどうだろうか。無責任な借金をするのはやめてもらいたい。

K（17歳・無回答・山口県）政

誰かに苦痛を与えることでしか、幸せになることができない世界だと言うのなら、ただ劣っているが故に、何もかもに見放され嘲笑され軽蔑されるのが世界だと言うのなら、そしてそれが、到底変えることが叶わず、誰も変えようとも見ようともせず、この世に依然として横たわる現実なら、きっと世界のほうが間違っているはず。
まぁ、もちろん変えるなんて不可能だし、きっとまともに誰も取り合わないだろうけど。自分はきっとおかしい人間だ。むしろそうであってほしい。幸せになろうとすること、世間の喜びとするものを是として適応しようとしないこと。それを何もかも馬鹿らしいと、おぞましい気持ち悪いと遠ざけるような人間には誰も関わりたくないし、理解したくないし、生きててほしくないのは当然なんだろう。
もし、この世界がずっとずっと今の世界よりも何もかもが悪意に満ちていて、信じようとも裏切られ、努力しようとも踏みにじられ、希望をもつこともままならず、ただ苦しみと痛みだけが満ちる世界であれば、自分たちはどれだけ救われたのだろうかと考える日がある。世間が喜びとするものは、常に窮屈と努力を強いる。世間はそれを当たり前だと言うし、実際9割くらいの人はやむなくそれを行って生きているから、みんな耐えるしかない。

人間の生態と資本主義の契約によって築かれた平和と繁栄、そしていらない価値観と疎外された人々の苦痛でできあがった犠牲の山。自分たちもそれを享受しているし、それに文句を言うことなんてできるはずがない。自分はそれがおぞましかった。誰かの痛みなくしては、苦しみなくしては幸せが成り立たない世界なんか気持ち悪いし、そして、それを受け入れてわざわざ幸福になろう、だなんてなろうとも思わない。だからすべてが滅んでほしい。喜びより苦しみがない世界を選びたい。これが逃避とねじまがった偏見による産物だとしても、痛みに耐えることでしか幸福になれない世界はほしくない。

路傍の生ゴミ（17歳・男性・愛知県）政

★

今まで私は大人たちに守られ、ありがたいことに何不自由ない生活を送ってきました。感謝していきます。政治に関することも大人に任せっきりで、何もわからないままこの歳になりました。
今年（2023年）成人を迎える身として、このままの生活を続けるのはあまりにも無責任で危険だと感じるようになったので、社会に目を向けなければならないと思います。しかし、政治というのはたくさんの事柄が絡み合っていて、想像以上に複雑なもので完全に理解するのはとても難しいと思います。選挙にも参加したいですが、どうしても敷居が高いイメージを拭いきれません。このように感じている同世代の人も多いと思います。私たちはこれからを生きる一国民として、どのように国内外の政治や情勢に関わっていけばいいのかを教えていただきたいです。

えび（17歳・女性・群馬県）政

変な理由や理屈で戦争なんかしない世界。相手国の子どもを自分の国の兵隊にするなんてありえない（ある意味洗脳だと思います）。ちょっとのことでケンカなどしない（ニュースにならないくらいのことでも）。金銭トラブルや詐欺、宗教など、ある意味洗脳されるものごとをなくしたい。犯罪防止などの対策を強める。防犯カメラがついていたってすぐに警察は来ないし、カメラがついていたっておかまいなしの犯罪者なんてたくさんいると思います。
平和なんて実現できないかもしれない。実現なんかしたら世界が壊れるかもしれない。まず平和なんて実在しないかもしれない。みんなの思う平和がそれぞれ違うかもしれない。でも自分が、自分たちが思う平和をひとつずつでも自分で叶えていきたいです。

ナナ（11歳・無回答・東京都）政

私は、東日本大震災やその他の地震、ウクライナ戦争などで、家族を失ったり、今までの生活を失われたりするニュースを見たことがあります。実際に私もコロナウイルスの感染拡大でいろんなことを制限されて、日常生活を奪われ、今まで当たり前にできていたことができなくなったもどかしさもたくさん感じました。それと同時に、今の生活って実は幸せで溢れているんだなとも感じました。だから私はいつまでもこの幸せな生活が続くといいなと思います。

ふーちゃん（15歳・女性・長崎県）政

世界中の人々が手を取り合って、協力し、今、世界で起こっている環境問題や差別、エネルギー、貧困問題について考え合い、解決策を見つけ出して、解決すること。

今、ウクライナで起きている悲しく無惨なことが早く収まって、すべての人が住み慣れた一番住んでいたいところに住めるようになってほしい。コロナウイルスが収まってコロナ前のように自由に旅行に行ったり、マスクを外した生活ができたり、みんなが自由に生きられる世界になってほしい。

すべて自分が思う切実な願いだし、きっと叶えば嫌だと思う人はいないと思うし、みんな喜べるし、楽しく、生きられると思うから。

Hiro．（11歳・男性・大阪府）政

差別、貧困など社会はすごくたくさんの問題で溢れています。私は、今年（2023年）から大学で特別支援教育について学びます。私が高校時代に強く感じていた社会の矛盾や不公平さを教員という立場から少しずつ変えていきたいからです。今の自分たちのことや社会のことを考えるだけでなく、これからを担う子どもたちがどうすれば日本で生きていけるのか、活躍できるのかを考え行動してほしいです。私たちのような青年や私たちの下の世代の子どもたちが将来に希望をもてる世の中にしたいです。

しおもも（18歳・女性・宮崎県）政

子どもたちの遊び場を増やしてほしい。現状では、昔より今の子どもたちの遊び場が減少しています。公園などで、子どもたちがワイワイ楽しく騒いでいるのに、近所にいる一部の方が市役所などに苦情を出すことによって、いろいろと禁止されていき、その影響で遊ぶ場所がなくなります。

昔の人たちのように、今の若い子どもたちにも遊ぶ場所を増やして、思いっきり遊んでほしいです。それが私にとっての願いです。

はるなんティウス（17歳・女性・沖縄県）政

☆

戦争教育の見直し。自分は義務教育のなかの戦争教育で疑問をもちました。義務教育で戦争が起きた原因は日本！　だと言われましたが、世界情勢を考慮しない教え方はどうなのでしょうか？　平和記念公園で平和宣言を知識の浅い小学生にさせるのはどうなのでしょうか？　個人の考えを否定し、教育内容に対して疑問をもつ者をのけ者にする教育方針はどうなのでしょうか？　しっかりとした議論もできず、個人の思想を尊重しない教育などやっていても無駄だと感じます。教育内容の見直しを求めます。

リガ（18歳・男性・兵庫県）政

★

分類で人を見ると差別や不満が生まれると思うから。「フィリピン人はこうだ」「ＬＧＢＴＱ（↓Ｐ・116）の人はこうだ」という言い方は、すごく差別的に聞こえませんか？　それは、人間としてではなく「分類」「カテゴリー」として人を見ているからだと思います。

それだけではなく、誰かを助けたいと思った時も、「この子は障がいがあるからこうしたらいいだろう」「発展途上国の人たちはこれを求めているだろう」という考え方をすると、本当にその人が求めている支援はできません。ある程度テンプレート化することは必要かもしれませんが、まず一人ひとりと向き合うことを忘れてはいけないと思います。

そして、「助けて」「教えて」と言うことは、恥ずかしいことではないんだよって、大人はそう教えてくれますよね。じゃあ、大人であるあなたはできていますか？　自分の困ったことを人に伝えていますか？　私はまだ大人になったばかりですが、だからこそ「大人も困ってるんだ」ということに気づきました。それは当たり前のようで新鮮な気づきでした。年齢にかかわらず、「助けて」って言えなかったから「自殺」「虐待」などいろいろな問題が起きるというケースがあると思います。

大人だからって全部がひとりでできるわけがない、ということに、お願いだから気づいてほしい。もっと力を抜いて生きていいんだよ、って伝えたいです。だって子どもの時はそんなに力入っていなかったでしょう？　地続きの人生ですよ。

のはな（18歳・女性・東京都）政

日本のすべての地域が元気になって、そこにいろんな人が訪れること。僕は、日本にはみんなが気づいていないだけで素敵で魅力的なところがたくさんあると考えています。その魅力に地元の人が気付いて、それを発信して、そこにたくさんの人が訪れてほしいからです。そのために、自分は自分の住んでいるところの良いところを探していきたいです。

すべての人に「素敵だ」「ここに生まれてよかった」と思えるような社会、国になってほしい。今、この国を取り巻いている状況はコロナの有無にかかわらず悪くなっています。だからこそ、金の無駄遣いをせず、その行動が最善であるかを考え、問題が出てきた時の解決策を明確にして少しでも社会や国が良い方向に向かって進むことができれば願いは現実になると思います。それらができるように、自分は相手の意見を尊重しながら自分の考え方をはっきりさせたいです。

ライラック（14歳・男性・神奈川県）政

今やっているすべての戦争が停戦してほしい。それで、戦争していたこと忘れてほしい。毎日戦争の恐怖に怯える人。私が生まれる前からいる人たちです。その人たちは、決していなくなりません。なぜ、いなくならないのでしょう。政治とかわからないけど、とにかく停戦して、みんなが家族とかと暮らせる世の中になって幸せになってほしい。私が小さい時からの夢です。

みい（17歳・女性・新潟県）政

「あの時代は良かったなぁ」「最近の若者は……」とかいう人は、基本的に時代は若者がつくるものと思っている人たち。確かに流行とかは若者がつくっていくもの。だけど社会を築いていくのは、働き盛り世代の人たちであって、若者じゃない。そういう懐古病がわいているからこそ、今の時代は生きづらくなっていく。

選挙権の対象年齢は下げられたけど、若者の政治参加の低さが原因で、年寄り都合の公約を掲げる政治家が多い。そんなんだから、若者は政治に参加したくない。年寄り都合の公約しか掲げない人間が国の代表になるくらいだったら投票しないほうがマシとしか思えない。

あおいつき（15歳・男性・東京都）政

勝手に若い人が政治に興味がない、と思わないでほしい。若い人はよく政治に興味ないと言われ、政治家の方々も高齢の方向けの政治にシフトされている。しかし、それでは若い人も政治に興味もてないと思う。さらに、そもそも若い人全体が政治に興味ないわけではないとも思う。

あや（18歳・無回答・埼玉県）政

生きづらい今の世の中を変えてほしい。働かないとお金がもらえない、それっておかしいと思うことがよくある。いやいや働いている人もいれば、楽しく自分の好きなことだけでお金を得て生活している人もいる。資本主義だからって言われればそれまでなんだけど、そう思うのも一種の洗脳みたいで気持ち悪い。

学校とかで授業を受けている時も、これは社会に出て都合よく使うための洗脳なのか？　と思ってしまうことがある。もっと好きなことをして生きていけるようになってほしい。

めろん（16歳・男性・宮城県）政学

★

誹謗中傷がなくなり、さまざまな意見や生き方が認められてほしい。僕はよくSNSでニュースと、それに対する意見を見たりしています。そこで、ひとつの物事（ニュースや有名人の発言）に対する意見は、対象がなんであれ、大まかに3つに分けられることに気がつきました。

その（発言や報道の）内容について賛成の意見、反対する意見、どちらでもない中立の意見の3つです。そこでたまに、例えば賛成意見を反対意見の人が否定するなど、反論する場面があります。僕は、それはいいと思います。意見の交流は視野を広めるために大切です。ですが、その人の「意見」ではなく、「その人自身」を否定したり、攻撃したりする場面も見たことがあります。いわゆる誹謗中傷のひとつです。

社会にとって、議論や意見交流は大切だと思います。ですが、それは単に意見をぶつけ合うだけでなくてはならないと思います。互いを攻撃し合うのは議論ではなく、ただの喧嘩に近いと思います。ですが、言葉の攻撃はよく見かけます。僕も、自分の意見を言うのは怖いです。その意見だけではなく、自分自身を否定されるのではないかと怖いからです。もっとさまざまな意見が飛び交い、しかしその議論が終われば握手をして終われるような世界になってほしいです。

あんげるす（14歳・無回答・新潟県）政

まず、大人が心に余裕をもって仕事や生活ができる社会のシステムについて考えてほしいです。理想だけを掲げるなと言われるかもしれませんが、無理だと思っても声に出して、たくさんのいろいろな人と考えてほしいです。

環境問題などはいくつかの妥協をし合いながら、なんとか目標に近づけようとしているので、SDGsなみの声量で話してみてほしいです。大人の憂鬱な気持ちや不安によるいらだちは、少しだけだとしても必要以上にわかってしまうから。子どもが常に大人の機嫌をうかがうのは両方にとってデメリットしかないと思う。

それと、子どもは近くの大人を見て世界を知ったた気になるから、いつも苦しそうな大人を見てしまったら未来に希望はもちにくいと思う。今、大人の社会を生きやすくする運動があれば、私たちの未来も生きやすくなるかもしれない。

茂子（17歳・女性・熊本県）政

戦争をやめてほしい。その戦争の結果や後始末を担い遂行していくのは戦争を実際にやった人ではなく私たちになるから、私たちの未来を保障してほしい。

もち（14歳・女性・広島県）政

ロシアに対して差別意識をもってほしくない。自分は中学生の時からロシアに興味をもちロシア語を勉強しています。はじめはロシア軍の兵器に興味をもって、そこからロシアの文化や自然に対して興味をもちました。ロシア語はちょうど英語の勉強が嫌になった時に出会いました。ロシア語ははじめて自ら進んで学ぼうとした言語で、今でも楽しいです。学校でも発音を練習するためにロシアの歌を歌っていました。

しかしウクライナ侵攻後、Twitter上ではロシアに対するヘイトスピーチ等が増えてきました。侵攻前はたまにロシア関連のツイートをしていましたが、「ヘイトを向けられるのではないか?」と思い時々しかしなくなりました。知り合いは、ロシアの会社のプラモデルを作っただけで「非国民!」と返されたそうです。ロシアが好きな自分たちにとって今は非常につらいです。社会に対してひとこと言うとしたら、ロシアへの差別意識をあまりもってほしくありません。

リガ(18歳・男性・兵庫県)政

Chapter 8

コロナ

かけがえのない日常が未知のウイルスによって破壊された数年間。大人とは違う時間を生きる子どもたちにとって、コロナ禍に失われてしまったものはあまりにも大きい。

コロナがない状況で2020年からやり直したい。コロナのせいで行事がつぶれ、友だちとも先生とも一生で一度しか過ごせない貴重な大きな時間を失いました。勉強、部活、行事、恋愛などなど、悔いが残ります。卒業式も入学式も生徒と保護者のみ。もちろん合唱もなし。何年も経ったらいい思い出と思えるんでしょうか？　少なくとも今は思える気がしません。

あっという間に楽しみが奪われ、戻ってきたのは制限だらけの生活、マスクと過ごす生活。友だちの素顔すらわかりません。遊びに行くのも戸惑ってしまいます。誰も悪くないからこそストレスが溜まります。吐き出すところもあまりない。普段はこの気持ちに蓋を閉じ、毎日コロナが少しでも早く終息するのを祈るのみです。彼女をつくってマスクなしでデートに行きたいな〜。

危なっかしいSummer（16歳・男性・北海道）コ

世界や生活がコロナの前に戻ってほしい。2020年にコロナが流行りはじめてから、当時中学3年生だった私たちをはじめとした多くの学生が、一生に一度の仲間との時間を奪われ続けてきました。最後の合唱コンクール、仲間たちとの修学旅行、友だちとのお出かけや日々の授業まで、唯一無二の時間がすべて「自粛」でした。

コロナが流行りはじめて2年、2022年になった今でも「コロナ対策」という名目で生活の端々に制限がかかっています。文化祭でわいわいみんなとご飯を食べたり、修学旅行で海外に行ったり、そういう大きなことはすべてできませんでした。すべてが「縮小」「自粛」です。規制が少しずつゆるんでいるのは感じていますが、海外の国々と比べると日本は遅れを取っていると感じます。

私の学校だけかもしれませんが、先月行われた文化祭での昼食は、体育館や剣道場で全員がひとつの方向を見ながら1mほど離れて、先生たちに監視されながらの黙食でした。コロナさえなければ、コロナさえ流行っていなければ、私たちはみなで顔を合わせて、楽しく話をしながら、お互いの顔を見ながら食事ができたはずなのです。泣きそうになりました。あまりにも残念でしたし、強い違和感を覚えました。現在高校2年ですが、2年に上がってから顔を一度も見たことない人ばかりでさみしくなります。

学校として名目上「コロナ対策をしています」ということにしたいのだと思いますし、もし感染が拡大したら学校の責任なので、そういった面があることは十分に理解しています。ただ、人生において学生の時間はそう長くなく、学生の時にしか経験できないことがたくさんあるはずです。

こういったことをネット上などに書き込むと「大人になってからも旅行に行ける」などの意見を大人の方からいただくことがありますが、圧倒的に「そうではない」とお答えしたいです。大人になってからの旅行と学生の時のクラスメイトとの修学旅行とのその空気感の違いがわかりますか。「大人になっても……」と言ってきている方は多分何事もなく学生の頃に修学旅行に行けていたからそういったことを言えるのです。

唯一無二の学生の時間を奪われた代償はあまりにも大きいと思います。今はただ、1日でも、1時間でも、1秒でも早くもとの平和で美しくて楽しい日々が戻ってくることを願っています。

ポン酢（17歳・女性・東京都）コ 学

先延ばしされまくって結局行けなかった修学旅行

に、全国の高校生が過去にちょっと戻って行けますように。多分、今（2022年）の現役受験生たちはこの高校3年間は我慢ばかりの3年間だったと思います。私もそのうちのひとりで、全然思いもよらない3年間でした。

憧れていた高校生活に期待で胸を膨らませ入学した1年生では、入学式から数日で自宅待機となり、本来する予定の行事がほとんど全部なくなりました。2年生は学校には行くけど行事は声出しとかダメな状態で、半分は中止に。私はコーラス部に入っていましたが、コロナ感染が増えるたびに一生懸命がんばって練習した大会が中止というのはたびたびでした。また、2年生から先延ばしにされてきた、コロナさえなければ去年本来行けたはずの修学旅行や文化祭が中止、運動会はめっちゃ縮小になりました。できる限りのなかで楽しんだけど、仕方ないけど、でもなんだかやりきれない思いばかりが今もあります。

受験生になってから勉強、勉強ってなってた時にふとテレビを見たら、大人の方は遊びのキャンペーンとかで旅行に行って楽しんでいるのを見るたびに、修学旅行、行きたかったな、と思ってしまいます。

今は目の前の壁を越えないといけないから、と思うとこんなことで気持ちが落ち込む私はこれからやっていけるのか、と泣いてしまうことも。だから、他はまだしも、せめて高校生の時の修学旅行をまだ受験勉強に心の余裕があった4月とか去年とかの時期に行きたかったと思いました。

メンタル豆腐絶賛受験生（17歳・無回答・愛媛県）コ 学

☆

若い人に寄り添ってくれる大人が増えてほしい。コロナ禍で学校行事がなくなって、勉強ばっかりでストレスや不安が溜まって、その悩みを聞いてくれる大人がいない。

若い人の主張を尊重してほしい。少し前のコロナ禍で修学旅行がなくなって、その悔しさや悲しさや主張をネットやニュースで取り上げていたのに、社会は何もせず大人は楽しく旅行に行ってたから。

　主張を尊重してほしい。学校は主張を尊重すると言ったのに主張してみたら、先生や学校の都合で自分の意見を何も考えずに否定されたから。

てつ（14歳・男性・神奈川県）コ声

　簡潔にまとめると、みんなが元気に普通の高校生活を送ることができてほしかったです。そして、大切な仲間たちとずっと一緒にひとつの音楽を作る、ということをしたかったです。

　同じ思いをする人がいてほしくありません。みなさんの思う大切な人が幸せな日々を送れることを願っています。高校で出会った大切な仲間と思うように過ごすことができなかったためです。コロナ禍ということで、中学校卒業あたりからさまざまな規制や制限がありました。（2020年）3月から休校になり、「卒業まであと◯日」というカウントダウンもほとんど学校に行くことなくゼロになってしまったうえに、卒業式も例年通りに執り行うことができませんでした。

　高校生になってからも行事の中止や縮小が続き、何の気兼ねもなく生活できた覚えがありません。たくさんの夢や憧れをもって高校に入学した人ほど、理想と現実のギャップに打ちひしがれたと思います。そんな時代だからか、体調を崩してしまう仲間が多かったのが、私が高校生活で一番悔しいことです。

　高校1年生になった私は、晴れて第1志望の高校に入学することができ、ずっと憧れていた吹奏楽部にも入部することができました。しかし、そこでできた仲間をさまざまな形で失うこととなりました。心身の不調やコロナの後遺症により、学校に普通に登校することが難しくなった子。コロナの後遺症で学校に来ることさえできなくなってしまった子。この子たちとは高校生最後のステージに一緒に立つことはできませんでした。この子たちは大好きな音楽ができなくなり、手放さなければいけなくなったのです。ずっと気にかけていても、どんな言葉をかければいいのかもわからず、その子のことを考えれば考えるほど、何をすればその子に手を差し伸べることができるのかもわからず、ずっと連絡が取れてない子ばかりです。学校に来ることもできなくなってしまった子はすごく努力家で、その努力が報われてほしいと何度思ったかわからないほどなのに、大学を受験することすらできないのだと思います。この子にも夢も将来もあったはずなのに、自分ひとりでは何もできないような状態になってしまって、なんでその子がそうならなければいけなかったのだろう、と何度も思いました。ずっと悔しくてたまりませんでした。

私はずっと、最初に出会った頃の仲間と音楽をしたかった、それだけなのに、それが叶いませんでした。だから、またみんなが元気な時期に戻ってまたみんなで音楽がしたいです。後遺症以外で悩んでいる子の多くは、自律神経系の失調や心的ストレスからの体調不良だと思います。その子たちにもっと早く声をかけられていたら、何か少しの変化にも気づいていたのなら、少しはいい今がきていたのかなと思うと、また悔しくなります。どうか、みなさんが大切に思う方が元気で幸せな日々を送れることを願います。

四つ葉のクローバー（18歳・女性・青森県） コ 学

☆

コロナによる制約のない中学・高校生活を送りたかった。中3の年明け後からコロナの影響を受けるようになって、当たり前にあると思っていたいろいろなものが目の前で当たり前のように中止になっていった。

とくに毎年恒例だった中学卒業式の卒業生退場時の吹奏楽部演奏が聴けなかったのが本当に残念で、

私も部員として演奏してきて、聴けることを楽しみにしていたのに在校生は代表生徒のみの参加となった。当たり前にあると思っていた後輩の演奏が聴けなくて、私の合唱伴奏ピアノも聴いてもらうことができなくて、あの頃から無気力になったことを覚えている。

高校受験は成功したけれど入学後すぐ休校、入部開始時期も遅れて、勉強もうまくいかないし、部活もうまくいかないし、いろいろなことが重なって登校がキツくなった。高3になった今、今まで溜まってきたストレスからの症状で脳神経外科と心療内科に通いながら単位ギリギリでなんとか卒業できるかというラインをさまよっている。ずっとあった無気力と、その症状2つのダブルパンチで、中学の頃に思い描いていた高校生活とはまったく違うものになったし、大学受験もうまくいかない気がしている。

なんとか前向きになろうとしてコロナのない学生生活を想像しようとしたこともあったけれどそんなことはできなくて、それに気づいた時、私が今こうなったのは100%コロナのせいだと思って、コロナさえなければと思ったから。なかったらもっとうまくいっていたかと言われたら自信をもって「うん」と言える。

SUM（18歳・女性・岡山県）コ 学

制限のないコロナ以前と同じ形の文化祭をやりたい。僕は高校3年生です。僕の学校では、2年前（2020年）の文化祭はありませんでした。去年の文化祭は保護者さえ来校できない、1日だけ（本来は2日間）の開催でした。今年は2日間、保護者は呼べましたが校外の友だちは呼べませんでした。カフェなどの〝食べものを作って出す〟出店は3年間できませんでした。建前では「コロナ禍でも文化祭をさせてもらえるだけ十分」と言いますが、本当は本や映画で描かれるようなオープンで華やかな文化祭をやってみたかったです。

あらんなら（18歳・無回答・新潟県）コ学

時間を戻し、コロナのない世界でこの3年間をやり直したい。コロナで何もできないまま小学校を卒業し、中学に入ってもほとんどの行事がコロナで短縮または中止になっていて、学級閉鎖などで学校に行ける機会もなくなっているので、時間を戻して失った3年間をやり直したい。

とくまる（14歳・男性・神奈川県）コ

高校生活を一からやり直したい。私たちの学校の高3はコロナの影響で修学旅行に行けませんでした。高2で行く予定だった関西への修学旅行が中止になり、高3の4月にはその代わりに北海道へ行く計画が立てられました。

しかし3月にクラスターが発生して、北海道修学旅行の1ヵ月前に中止を余儀なくされました。そして、先生方が生徒のことを思って隣県への遠足を計画してくれ、そちらは無事に行くことができました。

また、私たち高3は入学してから一度も例年通りの行事をすることもできず、弁当を友だちと机をくっつけておしゃべりしながら食べることもできず、今卒業しようとしています。コロナだからしょうがない、今我慢したら元通りになるよ。先生からたくさん言われました。でも、そんな元通りの生活は戻ってきませんでした。私たちの卒アルの写真はマスク姿しかないんだろうな、と思うと悔しくてたまりません。学校祭も他校の生徒や保護者を招いてやりたかったですが一度もその夢が叶うことはありませんでした。

しかし、私たちが卒業した来年度からはコロナ前のようにやるというような話もあります。なんで……。誰も悪くないから誰にもぶつけられないこの怒りと悔しさが溜まっていくのがほんとに悲しいです。中学生の頃、夢に見ていたキラキラした高校生活を送りたくても送れなかった私の声です。

しじみ汁（18歳・女性・秋田県）コ学

コロナがない時代に生まれたかった。それか、3年くらいでいいから早く生まれたかった。そうすれば修学旅行も行けたし、イベントも制限なくできた。なんでひとつ下の後輩は普通に修学旅行に行けてるんだろう……。

ぱむ（18歳・女性・宮城県）コ学

私は小学1年生の頃に抜毛症を発症し、後退し続けながら今年で9年目を迎えます。抜毛症の主な原因はストレスだと言われていて、病院にもお薬などを処方していただき、私自身もすぐ治ると思っていました。小学5年生の頃にはもう周りの髪では隠せなくなって、ウィッグを着けて、今年からは高校1年生になります。

そんななかで、社会を震わせた新型コロナウイルス。私も叶わなかったさまざまなことを経験して、そのすべてがストレスになっていました。行けなかった修学旅行、制限のある体育祭、声を出して歌えない校歌、出場すら許されなかった大会。在校生のいない入学式を経験したし、クラスのみんなの顔がわからないまま卒業式を終えました。毎日泣いていた時もあったし、学校に行けない期間もありました。例年と違うことがあるたびに、私の抜毛症は後退して、外にいると髪の毛ばかり気にしてしまうといった状況です。

私は、高校を卒業するまでに、この抜毛症を完治させたいと思っています。そのためには、自分自身の努力と、このコロナウイルスの波が終息することだと思っています。私と同じ悩みをもつすべての人のために、そして日本のために、ありがちな願いではありますが、どうかコロナウイルスが終息してほしい、という願いを投げようと思います。

しおり（15歳・女性・新潟県） コ

　いつかコロナが終息した時、修学旅行や文化祭ができなかった人たちを集めて、修学旅行や文化祭をやってほしい。「大人なんだから」とか、「終わったことだから」とかじゃなくて。高校生のうちだから意味があったことだと思う人もいるかも知れないけど、高校生に戻ったってことで、やりたいな。

葵（17歳・女性・千葉県） コ 学

　今がなくならないこと。家族、友だち、先生、大好きな大切な人たちが笑顔でいてくれること。コロナとか戦争とか差別とか災害とかそういうのは、難しいことだけど、なくなってほしい。今が、大切な人が、大切なものが、壊れないでほしい。これ以上は望まないけど、今の日常がずっとここにあってほしい。

　コロナに大切な人、大切な思い出が奪われて、私の心を壊された。この数年間、ずっと苦しくて、それを誰にも言えなかった。本当に苦しかったから。親や先生は「困ったことがあったらなんでも言って」って言うけど、それにはたくさん勇気とエネルギーが必要で、言おうとして、がんばって、がんばって、途中で力尽きちゃうことだってあるから、簡単なことじゃないってわかってほしい。親も先生も、私の大切な人のひとりだから、なんでも言えるわけではない。心配かけたくないってどうしても思ってしまう。

くまみ（14歳・無回答・神奈川県） コ

平成30年代あたりの生活に戻ること。今（202

2年）の生活には慣れてきている自分もいるが、まだなんだかモヤモヤが残っていて、コロナがなかったらもっと友だちと遊んで仲良くなって友人関係で困ることは減っていたのかなと思うことがたくさんあるからです。

表情が見えないことはこんなにも大変なんだととても実感しました。笑っていてもマスクの下が見えているのと見えていないのでは全然違っていて、やっぱり見えていたほうが、例えば豪快に笑っていたらこっちまで楽しくなってくるからです。

だから今、こんなにもつらい時期なのに、ロシアとウクライナで戦争が起こっているのがとてもつらいです。なんで未来に進んでいるのに過去に戻っているのかがわからないからです。

今の子たちは○○だから、こういうことは言ってはいけない、気をつけなければいけない、などと、決めつけるのはやめてほしいです。

朝のラジオで「Z世代」という言葉が聞こえたあと、「Z世代の子たちはこんなんだから、学校の先生はこんなことに気をつけてください」などと言われ、決めつけられるのはなんだか嫌だったし、隔離されているように感じました。

また、そうやって言っているだけで、本当に変わっているのかちゃんと気をつけているのか、全国の大人にそれは届いているのかちゃんと示してほしいです。

ぶっちゃんさん（14歳・女性・石川県） コ 政

体育大会をコロナ前のようにやりたい！　コロナ禍になってから、私たち学生はさまざまなことを我慢してきました。例えば体育大会がなくなる、または縮小される。卒業旅行がなくなるなどです。

しかし、大人たちは子どもに我慢をさせておきながらも旅行に行ったり、お酒を飲んだりしています。どうして子どもばかり我慢しなくてはならないのでしょうか？　私たち子どものためにすべてを我慢しろとは言いません。しかし、子どもたちもしっかり我慢していることを知ってほしい。

ゆま（15歳・女性・東京都）コ

★

コロナがなくなってほしい。コロナのせいでさまざまなことが不便になっていますが、その影響は、友人関係にも出ていると思います。人に近付いたらいけない、触ったらいけない、食事の時は黙食、大会や旅行も中止。結果、授業等のなかでも交流時間などが少なく、人との関わりを築くために大切なことがすべてできなくなっています。

コロナのない時は、友だちと給食を食べながら楽しくおしゃべりしたり、手をつないで帰ったり、机をくっつけてお話したり、とても楽しかったし、そのおかげで友だちになれた子もいました。きっかけがすべて奪われています。贅沢なことかもしれませんが、やはりあの頃に戻りたいと何度も思います。

ネットを軽く見ないでほしい。大人は子どもにばっかりネットに気をつけろと言うけど、炎上したり、させたりしている人の大半は大人が多い気がする。もちろん子どもたちも良くないネットの使い方をしている人もいる。でも、詐欺に使ったり誹謗中傷のために使ったり、大人のほうがネットを悪用している。人に押し付けないで、自分自身にも目を向けてほしい。自分が周りの人からどう映っているか、客観的な目をもって過ごしてほしい。

ユウ（15歳・女性・北海道）コ 声

☆

コロナ禍になる前の生活がしたい。「今」しかできないことを楽しみたい。思い返した時に周りの人との思い出のある生活を送りたい。コロナの影響によって「今は我慢する時期だから」「しょうがない」で済まされなくなる行事が増えているから……。私たちにとっての学生としての生活はこれから過ごす時間よりも圧倒的に短くて、この先戻ることのできない数年間なのに……と思ってしまう。

人生経験が少ない私が言うのもおかしいかもしれませんが、大人の過ごす3年間と高校3年間の重みって違うのではないかと思う。たった1年、あと1年という言葉は簡単に使わないでほしいと感じるから。親が話す思い出話には文化祭や修学旅行が多くて、それも制限がない状態での話で、それを聞くと将来私はこういう話を楽しみながらできるのかなって悲しくなる。

子ども（とくに学生）をひと言で表さないでほしい。「気持ちはわかるけど」で終わらせないでほしい。固定観念をもたないでほしい。学生らしさ、子どもらしさを求められるのは時代にそぐわない点があると思う。「学生らしさ」を求められるよりも「自分らしさ」が必要な時代になってるんじゃないかなと感じる。自分はしたいことがあるのに子どもには必要ないと言って可能性を削られていくのは悲しく思う。

しかし、大人が制限しないといけないことがあるのもわかる。ひと言で「それはだめ」と言われても納得いかないことが多いし、実際なんでだめなのか理解してないで言う大人もいるのでどうなるんだろうなって思う。気持ちはわかるけど、と言われてもわかってるつもりなんじゃないかなって感じてしまうし、実際想像してるよりも私たちの思うことは複雑でぐちゃぐちゃになってる気がする。

りー（16歳・女性・神奈川県）コ

コロナ大丈夫かな、と考えるのはもう嫌だ！　もっと自由に青春したかった！　友だちを遊びに誘う時、部活帰りにご飯に行こうと誘われた時……もし、コロナがなかったらと考えてみると、したかったことがたくさん浮かんでくる。したかったことは世間の人から見たら不要不急でたいしたことじゃない、みんな今は我慢しているんだ、そう思うと我慢するしかないのだなと思えた。

なのに、テストや入試など、進んでやりたいと思わないことほど不要不急のなかに入らない。普段の学校がコロナで分散登校になり、友だちに会うのをずっと我慢していたのに、テストの時は全員登校。コロナが悪いのはわかってる。けど、本当に私たちが我慢していることは不要不急なのでしょうか。虚しいです。

かわいそうだと言わないで。コロナで◯◯できなくてかわいそうね。こんなこと言われたくない。かわいそうと言われたら、自分が不憫《ふびん》だと思う気持ちがもっと増すだけで、現状は何も変わらない。もっとつらくなるから言わないでほしい。

なにぬねの（16歳・女性・熊本県）コ

大人がやってきた普通の楽しい高校生活が送りたい。コロナの影響で文化祭と体育祭の規模縮小。また爆発的にコロナ患者が増えれば修学旅行や部活の合宿も中止。私たちは普通に夢見た高校生活が送りたいだけなのに、大人たちはもう過ぎ去ったことだからと関係ないようにしている気がします。

大人の3年間と高校生の3年間なんて重みがまったく違います。オリンピックや大人の飲み会などが規制緩和されるなか、なぜ若者がこんなに自分たちの青春を捨ててまで我慢ばかりしなければならないのかと思ってしまう。もちろん大人たちが何も我慢していないとは言わないけれど、3年間の重みがまったく違うということを少しでも理解してほしい。

私たちの青春を返してほしい。LGBTQ（→P・116）への理解をもっと深めてほしい。幸福度が低いのは自分を認めてもらえないからだと思います。LGBTQだと言うと、大人は表向きでは全然そんなの気にしないふうにするけど、裏ではあの子は変わってる子だから関わらないほうがいいと言っているのを耳にしたことがあります。なぜ同性の子を好きになってはいけないのか？　なぜ同性婚が認められないのか？　なぜ性転換を裏で否定するのか？　すべての行為になぜ？　という疑問がつきます。少しでもいいので理解を深めてください。認めてください。

ゆりん（16歳・無回答・大阪府）コジ

当たり前の青春と当たり前の高校生活がほしい。私たちは不幸な世代です。わかりやすく言うと、小学校入学の年に東日本大震災が発生。林間学校中にミサイル発射で警告。中学卒業の年にコロナウイルス流行。私たちはコロナによりはじめて中学の卒業式に歌を歌えなかった年の代です。

それから、高校に入学しても制限ばかりです。もちろん高校3年の今（2022年）までマスクを外して学校で1日過ごせたことはありません。そして、高校を卒業するまで決してマスクを外せることはないでしょう。外せるのは黙ってお弁当を食べるお昼休みの10分程度と無音のなかで集合写真を撮るほんの1分程度です。

大人の方たちが過ごしてきたカラーの青春とは180度違うモノクロの青春です。修学旅行、文化祭、体育祭、球技大会……全部なくなりました。ひと言で言うとつまらないし、逆に大人の方たちが、もし私たちの立場なら耐えられるかうかがいたいくらいです。先生の高校時代の話を聞くとキラキラしててうらやましい限りです。学校に行って、みんなで集まってご飯やお菓子を食べながら話したかったです。休校のせいで単位が足りずに夏休みまでも削られるなんて嫌になります。私たちが何をしたかわからないけど、ただ当たり前にみんなと過ごせる短いようで長い高校生活の3年間を送りたかったです。

自分のことだけでなく、もっと広い視野をもって社会を見てほしい。コロナが怖くて、高校1年生の頃に行くはずだった東京の大学のオープンキャンパスに高校3年の春にやっと参加することができました。オープンキャンパスが終わった帰り、外は暗く帰宅するサラリーマンの方や子ども連れのマイバッグを肩から下げたお母さんも多く見かけました。駅から少し離れた道でお酒を提供しているお店を通りかかりました。するとどうでしょう……。私たち高校生が学校で黙食と言われ、全員自分の席で黙って黒板の方向を見て食べている昼休みとはまったく違う光景を目の当たりにしました。まずお店の外に学校の机を2個分並べたくらいの長さのテーブルがひとつ置いてあり、そのテーブルを囲むようにして10人ほどの大人が顔を真っ赤にしてお酒を飲んでいました。マスクの行方を探すとコンクリートに落ちていました。それもひとつや2つではありません。正直、驚いて声も出ませんでした。

　今、楽しいのはわかるし、大人にも大人の付き合いや事情があるのもわかりますが、私はその光景が頭から離れず、家に着いても、学校で授業を受けていても、私たち学生が制限され我慢してきたこの2年間が馬鹿馬鹿しく思えました。そりゃあ、あそこで飲んでた大人の方々は、高校時代によっぽど楽しんだのでしょうから、大人になった今、少しくらい我慢して、まずはこの日本、世界から少しでも早くコロナが消えてなくなり、ひとりでも多くの人の命が助かるようにと考え直してほしい。そして行動に移してほしい。

すずか（17歳・女性・群馬県） コ

コロナが収まって、もう一度高校生活を一からやり直したい。私が高校受験日に試験が終わってやっと友だちと遊べると思った時に新型コロナウイルスで休校になり、のちに緊急事態宣言が発表されました。本来なら遠出をしたりする予定でしたが、もちろん友だちと遊ぶこともできず、自由のない生活が5月頃まで続きました。

　私は、高校の文化祭ではクラスで出しものをするのを一番楽しみにしていましたが、今年（2022年）も中止となり高校生活で一度も通常の文化祭をすることができませんでした。留学もする予定でしたが、行けませんでした。部活動では、今まで活動自粛の期間がほとんどで、夏休みに行う合宿、大会などのイベントが中止になりました。また、大会などで仲間の試合の応援ができず、もどかしさを感じました。私が中学生の頃に思い描いていた理想の高校生活が何ひとつ叶うことなく、気づいたら高校3年生になっていました。高校生活は一生に一度しかありません。そうわかっていても、普通の高校生活を送ってみたかったと思います。

コロナウイルスの感染拡大の理由に若者という言葉を利用したり、若い世代を差別的に見たりするのをやめてほしい。今の時代、感染拡大するたびにネットで若い人たちを対象に心ない言葉を見ることが増えました。大人もストレスを感じているかもしれませんが、私たちは一生に一度しか訪れない学校生活をコロナウイルスによってすべて奪われています。すべての原因を若い世代だけを対象にするのは間違っていると思います。

アライグマ（17歳・女性・埼玉県） コ

中学生に戻って普通の修学旅行に行きたい。他校は形を変えてでも行った修学旅行に、生徒数が多いという理由だけでなくなった。

大人に愚痴をこぼしてもみんな修学旅行に行けた人ばかりで、「いい経験になる」としか言われなかった。仕方がないなんてわかってたけど、一生に一度のもの。共感だけでもしてほしかった。

まにゃ（17歳・女性・大阪府） コ

コロナなんて知らない時代に戻って、人と真正面から向き合って密に関わりたいです。私たちの代は、

2019年の4月に高校に入学しました。そのため、部活動の大会や修学旅行などの行事がすべてできませんでした。高校の部活動には将来を懸けて挑む人が大勢いて、3年間大会で良い成績を残し、将来への切符をつかむことだってできるはずでした。しかし、1年生の冬にコロナ禍になり、訳もわからないまま仲間と会えない、身動きがとれない状況に追い込まれ、長期間の休校が明ける頃には人との関わり方がわからなくなっていました。

こんなはずじゃなかった、と行き場のない怒りと不安に押し潰されそうで、心に大きな穴が空いてしまったように感じました。コロナ禍以前の生活が恋しいです。もっと密に、真剣に、心から人と関わることを楽しめばよかったと後悔しています。

いつだって悪いイメージをつけられているのは若者です。大人は、ご自身の過去を思い返し、現代社会での若者のあるべき姿を考えてみてほしいです。学生時代の1年と社会人の1年の一番の違いは、将来にどれだけつながるか、だと思っています。学生は将来が決まってない人もいて、学校生活を通して興味のある分野や夢、目標に出会います。

小、中学生の頃、世間の大人からよくかけられた言葉は「たくさん転んで、悩んで、失敗しなさい」。しかし今の社会の大人は、若者が転ぶたびに批評し、勝手に悪いイメージをつけている気がしてしまいます。みなさんが当たり前のように過ごされてきた学生時代を、当たり前に過ごせなかったのが今の若者です。それだけストレスも悩みも相当抱えていますし、やるべきこともわからず、変わりゆく時代に追いつくためにさまざまなことに手を出してみている。それは悪いことなのでしょうか。

ひつじ（18歳・女性・北海道）コ

1日だけでもいいから、青春をもう一度……。それか、父にもう一度だけ会いたい。コロナの影響で

学校行事の文化祭や体育祭、修学旅行を奪われただけでなく父の命までもが奪われたけど、都立の高校に通っていたから大人の言うことを聞いて、たくさんの制限のなかでできることを探しながら必死に〝今〟を楽しんでいたのに、夜家に帰ってニュースを見ていると、外でお酒を飲んでいたり、旅行していたりと自分勝手な行動をする大人たちの映像が流れてきて本当に苦しかったです。

今ではみなコロナに慣れてきているような気がして、テレビからも修学旅行などを奪われた私たち若い世代に同情するような言葉が流れてきたりして本当にしんどいです。同情するくらいなら、大人たちにもっと自制させるか、青春をやり直させてくれって心の底から強く思ってしまいます。だから、もう1日だけでも高校でみんな一緒に思いっきり青春できる時間がほしい。

同情ばかりせず、自制してくれ。私たちが必死になって新しいルールを守って多くのことを諦めて自制していた時、自由な行動をする大人たちを多く見ました。不公平だと思ったし、なんでこんな自分勝手な大人たちのせいで自分たちの今〝しか〟ないこの時間を犠牲にされなきゃいけないいんだって気持ちがすっごく大きかったです。

今では〝かわいそう〟という言葉をよく聞くけど、正直に言うと、かわいそうではありません。多くの制限のなかで必死に今できることを探して、今を楽しんできたのに、その時間をかわいそうのひと言で片付けるのは逆に傷つきます。むしろ立派だねって褒めてほしいです。

あと、このもどかしさとか苦しさは実際に経験した私たちにしかわからない気持ちだと思うから同情なんかせずに、同じ思いをする学生を少しずつでも減らそうっていうほうに、考えに変えてほしいと切実に思います。

さほりね（18歳・女性・東京都） コ

子どもたちの意見を聞いてほしい。私たちにもちゃんと考えてることがあるから。子どもに関わることは大人たちが決めている。しかし、私たちのことをあんまり考えていないなと思うことがある。

コロナが流行りだしてから、私たち子どもは活動をすごく制約されてきた。その「制約」は、すべて大人たちが決めたものだ。大人とは、政治家だけではない。先生とか、親とか、世間とか、全部が私たちを縛りつけた。私は中学生3年間をまったく満喫できなかった。小学校の卒業式はろくにできず、文化祭は3年間で1回もなし、修学旅行ももちろん中止、友だちとしゃべりながら給食を食べることは1回もしていない。修学旅行が中止と聞いて、悔しくない中高生がこの世のどこにいるのだろうか。本当は、文化祭とか、マスクもせず、みんなで笑い合えていたはずなのに。

コロナが憎いというより、意見を聞いてくれなかった人たちが憎い。決定は覆らなかったとしても、せめて、私たちの代表を交えて話し合いをしてほしかった。どんな年齢の子にも、ちゃんと自分の考えというものがある。気づいたら中学校生活がもう終わろうとしている。もう、この経験をバネにして生きていくしかない。私たちの世代は、今の大人たちより、絶対に逆境に強い自信がある。

戦々恐々ハクビシン（14歳・女性・新潟県） コ 声 学

Chapter 9

障がい

身体の障がい。見た目ではわかりにくい障がい。生活面での困りごとに悩んだり、差別や偏見に傷ついたり……。さまざまな障がいとともに生きる、彼らの声は聴こえていますか。

皮膚病や身体的障がいがある人を外見だけで判断（差別）しないでほしい。私は、アトピー性皮膚炎をもっていて、皮膚がおばあちゃんみたいにシワシワだったり、傷あとが複数あったりで、声優（芸能人）になるのは、難しいだろうと言われてしまって、とても悲しかったから。

外見だけで判断しないで、私みたいにアトピー性皮膚炎で皮膚に問題がある人なども、実力があれば、芸能人（声優）になりたい。声優になりたいけど、皮膚が普通の人よりひどいから、なれないと言われて、悲しかったから。

NER（14歳・女性・茨城県）障 進

私は生まれつき耳が聞こえません。要するに私は聴覚障がい者です。なので、人工内耳という機械をつけて聞こえるようにしています。つけていても、みなさんと同じようにきれいに聞き取ることができない時があります。だから、私は聞こえるようになって、流暢な会話をしたいです。友だちと電話もしたいです。

コロナが減って、マスクのない生活に戻りたい。先ほども書きましたが、私は耳が聞こえません。私は相手の口の動き、口形《こうけい》を見て理解することが多いです。ですが今、みんなコロナの影響でマスクを使っているため、口が見えません。また、もごもご聞こえたりするので余計にわからなくなります。

ヤマたん（15歳・男性・長崎県）障 コ

普通の人、みんなみたいに生きる。私は不安神経症でパニック障害です。いつ、どこにいても不安がよぎる毎日で、周りはみんな優しくて理解あるのに生きづらさを感じてしまいます。周りが優しいからこそとても助かる部分があり、逆に優しいからこそ迷惑をかけすぎていると感じてしまいます。

　でも一度パニック発作が起こったり、不安や焦燥に駆られたりすると、家族や友だちや先生に迷惑をかけてしまいます。かまってちゃんになって、その時は必死でもあとで後悔が押し寄せる。それでもって「少し待ってね」とか「だから平気だって」とか言われてしまうと、私はみんなのお荷物でいらない存在なんだと落ち込んでしまうのです。それもまたみんなにとっては迷惑で、とても申し訳ないと思います。私がみんなのように薬も飲まず病院にも行くことなく家計に優しく健康に、それでもって全力で部活やバイトが楽しめたなら、何度もそう思います。

　ヘルプマークをもっと知ってほしいです。そして、精神的な病にはその人にしかわからない背景があるんだということ、また人によって症状は千差万別なんだということを広く知ってほしいです。

　私の母は、私が言うまでヘルプマークを知りませんでした。なかなか浸透していないヘルプマーク。でも、それで救われている人がいます。けれど知名度がないために、着けることをためらう人もいます。正しい知識が広く伝われば、本当に困っている人たちはとても救われるはずです。席を譲ってほしい人もいれば、いざという時のために着けている人もいる。

　そして今のままでは、ヘルプマークを着けている人たちに声をかける側もとても勇気がいる、なかなかできないことになってしまっていると思います。けれど、声かけや配慮が当たり前の世の中になれば、誰も「白い目で見る人がいる」と怖がらなくて済むと思います。

　不安神経症になった私は、その原因に少し心当たりがあるのですが、家族の問題だけになかなか母に相談することができません。甘えかもしれない。そうよく思いますが、私にしかわからない悩みや葛藤などがありました。それが積もり積もって発症してしまったんだと思います。
もちろん、そこには性格やら性別やら自分ではどうしようもない生まれもったものも関係していたと思いますが、結局は自分のことは自分にしかわからないんだと思います。なので、他人である誰かがわかったように「こうなんだよね」と決めつけてしまうのはとても良くないことだと思います。とてもおこがましいですが、周りはそれぞれの人に合った対応を取っていただくのが重要だと思います。

りんりん（16歳・女性・東京都）障

障がいがある人も安心して生活できる制度の拡充や、見ただけではわかりづらい知的障がいがある人もいるので、障がいへの理解をしてほしい。私自身、軽度ですが、発達障害があって、周りに比べて苦手なことが多く、小中高とたくさんの人に迷惑をかけてきました。
春からは札幌でひとり暮らしをしながら専門学校に通うようになりましたが、周りの人は私に障がいがあることを知らないので、もし自分がパニック状態に陥った時に相手から嫌なことをされたくないというのと、少しでも周りに私のような子がいるということを知ってほしいから。

ま（18歳・女性・北海道）障

発達障害の理解度を広めてほしい。そして家族の苦しみも知ってほしい。私は双子で弟が発達障害です。私は、母や父は私と弟との差別化はしていませんが自分でしてしまいます。やはり、これから受験もあるのに弟はないことがとても苦しくて、そんな自分をやめたいし、このことは正直家族には話したくないです。友だちにも話せないし、きついです。同じ年齢だから、なおさら同じ環境なのに違うことが

明確になってつらいです。

てお（14歳・性別ではくくりたくない・新潟県） 障 家

障がいを理由に差別や虐待をしている人がいる世の中を直したい。

苦手が多く努力していないように見えても小さなことを一生懸命にがんばっているのに、あれもこれも求める社会で、実際にできない人は悪となっていてやっている人もきっとつらいだろうけど、差別されているほうはもっとつらいから。

咲（14歳・無回答・兵庫県） 障

障がいがあってもみんなと一緒に勉強がしたい。家族で遊ぶ時間があると嬉しい。

私は障がい児です。今は車いすで学校に行ってお友だちと勉強をしています。来年から中学生だけど、今までみたいにみんなと勉強ができなくなるかもしれないです。障がいがあるからみんなと勉強ができないのはなぜだろうと思います。

車いすを買うために、お父さんがアルバイトをしています。休みの日もあまり家にいません。車いす代を全部出す家と、少ししか出さない家があるのはどうしてだろう。同じ子どもなのに、どうしてだろう。

それと、子どもが困っていることを伝えたら、助けてほしいです。困っていることを伝えても、決まりだからと言って大人は何もしてくれないから。私を守ってくれるのはお父さんやお母さんだけですか？子どもは宝っていうけど、大切にされていないと感じる。

さくや（11歳・女性・愛知県） 障

障がい者でも自由に企業で働けることを願います。

今、企業で働く時は「障害者雇用」で、なんか特別扱いされているように感じるから。撤廃して他の人と同じように働いて稼ぎたいし、障がい者のひとり暮らしももう少し考えてほしい。

障がい者の給付とか自立支援の施設とか知的障がい者のホームも、地方にもう少しあったらなと思います。障がい者は全部できないわけではないし、得意なことも苦手なこともある。でも人生を楽しく生きている人がいます。それをわかってください。

なお（16歳・女性・新潟県）障

身体障がい者の人を見かけたら、それも個性のひとつだと思ってもらいたいです。私自身、足が不自由になってしまいました。突然のことだったので受け入れられずにいましたが、少しずつ慣れてきた時、母と買い物に出かけると、近所の人から「かわいそう」と私に同情する声が聞こえてきます。それを聞いたら、やっぱり周りからはそんなふうに思われてるんだ、と悲しい気持ちになります。同じ人間で足がうまく動かせないからといって、違うもの扱いしないでほしいです。身体障がい者も目が悪い人と同じ扱いをしてほしいです。

ふれんち（14歳・男性・京都府）障

いい加減、LD（※）に対しての理解を広めてほしい。LDでパソコンを使ってノートを取っても、ずるいとか、楽しててい いなーとか言われないようにしたい。

男の子たちにパソコンずるいとか、字が汚いとか、頭悪いとか、理解してない大人に左右もわからないの？　時計も読めないの（笑）？　とか言われたりしたから。

ココナッツ（12歳・女性・東京都）障

※LD　Learning Disabilities の略称。学習障害。全般的な

知的発達に遅れがないものの、「聞く」「話す」「読む」「書く」「計算・推論する」能力に困難が生じる発達障害のこと。

耳が聞こえない人に優しい社会。私は耳が聞こえないので特別支援学級に通っています。ただ、たまに耳が聞こえないことが理解できない大人がいます。その時すごく悲しいです。

鈴丸ぽん（仮名）（11歳・女性・北海道） 障

精神疾患になってなかった高1の時に戻りたい。精神疾患で今まで普通で当たり前の生活が一変して、毎日毎日鬱と発作との戦いでもうしんどいから。
張りつめて、がんばりすぎていた私に、無理しなくていいよって言ってあげたい。言いたいことはちゃんと周りの人に言って、周りの機嫌うかがわなくていいよ、って。

こくとうかりんとう（18歳・女性・京都府） 障 自

見た目でわからない障がいがあることを知ってほしい。私は体が勝手に動いてしまう。ただでさえ運動が嫌いなのに、勝手に動くせいで体をコントロールできなくて、走り出して転ぶということを何度経験したかわからない。でも、見た目ではごく普通なのだ。病気ではない、普通の人だと思っている私と、障がい者なんだと思っている私がいる。
今の私は後者の立場からこれを言いたい。見た目では本当のことがわからないのだということを。

れれ（16歳・女性・栃木県） 障

「普通」「普通じゃない」にとらわれずに生きていきたい。軽度の発達障害（広汎性発達障害）があることが原因で父親に「お前は普通じゃない」「いつになったら普通認定（療育手帳を持っているので父親は普通じゃないと思っている）されるんだろうな」と言われ続けたり、小学校の時に発達障害が原因でクラスメイトから嫌がらせを受けたり……。

そんな苦しい経験が足枷《あしかせ》になり「私は普通じゃない。あの子みたいに普通になりたかった」「いつもいろいろ助けてくれている家族や先生、さらに友だちとドクターに申し訳ない」といつも不安を抱えながら過ごしている。その考えを一生、生きるのが苦しいと思っているから。

mochieta（16歳・無回答・北海道）障 学 家

友だちに気を使わせずに話せるようになりたい。幼稚園の時から場面緘黙《かんもく》症（※）で、学校では話せなかった。

高校生になる時、今度こそ話せるようになりたいとがんばって話しかけたりしたけれど……。みんなは当たり前に話すことをしていた。みんなが簡単にできることが私にはできなかった。友だちとの距離感もわからず、迷惑もいっぱいかけてしまった。

今でも緊張して言いたいことも言えず、雰囲気を悪くしてしまうことも多いのがつらい。話せるようになったら、めいっぱい明るくする。優しくする。

のき（17歳・女性・長崎県）障 学

※場面緘黙症　学校や職場などの、特定の場面や状況になると、話すことができなくなってしまう症状。子どもに多く見られる。

障がい者への偏見がなくなる世の中になりますように。障がい者として生きることになっても、将来への欲求や希望をもってひとりの人間として人生を全うできますように。

私は、中学生の時にＡＳＤ、自閉スペクトラム症

（→P・45）と診断され精神手帳（※）も一番低いものをいただきました。診断される前は特性も軽く、正直障がいとは無縁だと思っていました。

あることをきっかけに自身の精神不良に気づき、精神科で精神障がいの診断を受けました。高校から特別支援学校に通うことになり自己肯定感が大きく下がりました。「長くは生きたくない」と考えてしまうこともありました。

障がいがあると世間の偏見もあり挑戦したいことも制限されてしまうこともしばしばです。ですが人間なので欲も希望も健常者と同じくらいあります。人生を楽しめる生きやすい社会になってほしいです。

みつき（18歳・女性・東京都）障

※精神手帳　精神障害者保健福祉手帳。精神障がいのため、日常生活や社会生活への制約がある方を対象とした手帳で、持っているとさまざまな支援が講じられる。

世の中の人に、メンタルクリニックの存在をもっと身近に知ってほしい。高校2年生で精神疾患（双極性障害Ⅱ型）を発症し、発見が早かったため早期治療で軽度で留め、治療をはじめることができました。そのことを知るきっかけになったのは、メンタルクリニックへの母の対応の早さでした。

この間、こちらの番組（2023年放送の「君の声が聴きたい」関連番組）で不登校についてのお話を見ていた時、私が体験していた「なんとなく鬱っぽいのかな?」ということと、驚くほど酷似していました。しかし、実体験者さんたち、親御さんたちはメンタルクリニックという駆け込み寺があることに気づいていないようでした。幸い必要性がなかったようですが、紹介されなかった人たちのなかには、私のような人もいて、早く復帰できる糸口になるのではと思いました。

メンタルクリニックへの偏見を減らしてほしい。早く病気の入口に気づけて、軽度からの治療なら復帰が早まるからです。完治のある病気もあると思います。少しでも多くの生きづらいと思っている人に救われてほしいです。

あかね（18歳・女性・岐阜県）障

私の弟はアスペルガー症候群といって人との関わりあいを苦手とする障がいがあります。そのせいでいじめに発展しました。しかもそのいじめをしてきた子は、親から「関わり方を気をつけなさい」と言われていたようなんです。それって大人の意識を変えないと変わらないじゃないですか。なので、私のこの願いを聞いてくださる方などの意識が少しでも変わればいいなと思っています。

私は中学生なのですが、私のクラスにはリスク、いわゆる障がいがある子が固められています。その子たちは特別支援学級に行っています。障がいと言っても軽く、人と話はできるし、勉強もできるんです。だからといって「周りの子と一緒」だなんて思っていません。でも先生たちの接し方に違和感があります。特別支援学級に行っているから授業中に寝ててもいいのか。授業中に遊んでもいいのか。私にはわかりません。

でも、障がいがあるとしても、障がいが出てきていない人たちと同じ接し方をしてもいいのではないでしょうか。障がいがないから怒られる。でも障がいがある子は怒られない。それは、おかしくないですか？　だって全員同じ人なんだから、と私は思っています。

すかいぷるー（13歳・女性・奈良県）障 声

Chapter 10
ジェンダー

前時代的なジェンダー感がいまだに根強く残る現代社会で、周りの言葉に絶望し、深く傷ついている子どもたちがいる。すべての人が自分らしく生きられる未来を、彼らは切実に望んでいる。

差別をしないでほしい。小さい時に親友の男の子たちが今人気のカードゲームで遊んでいました。「楽しそうだなあ。そうだ！　仲間に入れてもらおう！」と思って、男の子たちに「私も仲間に入れて！」と言ったら、「女がカードゲームするのはおかしいから、早くあっち行って！」と言われて泣きそうでした。数日後、私は自分が嫌いになってきて、そして誰もが私を無視するようになりました。

咲希ちゃん（10歳・女性・愛知県） ジ

女の子は○○、男の子は○○と決められている世界が嫌だな、自由に選べる世界になってほしいなと思っています。私は女子だけど、サッカーを習い事、将来のこととしてやっていて、つらいことがあったから投稿しました。

つらいことの内容は、友だちと習い事の話をしていた時、「サッカーやってる！」と言ったら、友だちに「男の子みた〜い」と言われて衝撃的でした。自分の将来、趣味に悪口を言われた感じに思いました。これがキッカケで自分流も受け止められる世界になってほしいと思いました。

あいり（10歳・女性・岐阜県） ジ

親に、オレがトランスジェンダーかもしれないことを知ってほしい。小3の頃から、スカートをはきたくなかった。小5になってから、トランスジェンダーかもしれないと思いはじめたけど、親に相談できない。教師に相談しても「個性は人それぞれだから……」と、笑って済まされた。

そんで、夏休みに病む。鬱病化して、「死にたい……。死んだって泣く人いないよね」って、自分の部屋と、笑顔の仮面をかぶるリビングで生きてたから。もう、気づいてほしいから。

永遠（11歳・無回答・埼玉県）ジ 声

★

制服をなくしてほしい。女子はスカート、男子はズボンという縛りが、小学校で、生きてきて一番つらかったから。

猫野てた。（11歳・不定性・山口県）ジ 学

☆

「男の子だから、男の子らしくしなさい」や「女の子だから、女の子らしくしなさい」をやめてほしい。自分は性同一性障害（※）（男）で、生まれもった体の性別が女だから親や周りの人に「女の子なんだから」といろいろ言われてきました。例えば、「女の子なんだからスカートはきなさい」や「女の子なんだからかわいくいなさい」などたくさん言われました。自分の一人称が「俺」なのに対して、親は「女の子なんだから『私』と言いなさい」とも言ってきました。

自分はなぜ女の子なら女の子らしく、男の子なら男の子らしくしなさいというのかわかりません。自分は自分らしく生きればいいと思っています。自分の子だからってズボンをはいてもいいし、女の子だからって髪を短く切ったっていいと思います。自分自身は男の子なのに、見られている性別は女の子だからって「女の子らしくしなさい」って言われるのがつらいです。

親に性同一性障害のことを話しても聞いてくれないと思います。なので、自分がこんなに苦しくても世界中にいる同じことを思っているみんなには苦しんでほしくない。そしてこれが広まって性別での区別をなくしてほしいから。

楓（12歳・性同一性障害（男）・宮城県）ジ

※性同一性障害　身体的な性と自認する性が一致しない状態のこと。2019年、WHO（世界保健機関）の総会で精神障害の分類から除外し、その名称を「性別不合」に変更。障害とされることによって受けてきた差別が解消され、社会の理解へとつながることが期待された。

アンケートとかにある性別の欄をなくしてほしい。自分は女の子だけど、本当の性別とは違って心のなかは男の子の性別だから、その欄があるとどちらに記入すればいいのかわからなくて、自分の性別に自信をもって答えることができないから。

そら（13歳・無回答・愛知県）ジ

恋愛対象の性別について相談しやすい環境がほしいです。私は同性の友だちに対して恋愛対象として意識することがあります。また、それは異性に対しても同様です。どちらの性別に対しても恋愛対象として意識したことはありますが、交際したいと思ったことはありません。私の気持ちはLGBTQ（↓P・116）に当てはまるのか、またそれとは違うただの勘違いなのかはわかりませんが、そのことで悩むことが多いです。

しかし、身近な人に話したら「そういう目で見られてるんだ」というふうに思われそうで、バレないように隠すのに必死になってしまうことがあります。性別関係なく誰かを好きになれるような、そういう環境に生まれていれば簡単に相談できたし、同じような境遇の人とも会えたのかなと思い、このような願い事にしました。

春（13歳・女性・東京都）ジ

どの性別の人でも過ごしやすい学校がほしい。今の学校だと男女がはっきりと分けられてしまって、時々教室にいづらくなってしまうことがあるから。また、クラスメイトのLGBTQに対する理解度が低く、勘違いしている人がいたり、アンケートなどの解答欄に「わからない」「その他」の選択肢があると、「性別わからないとか、ただのおかしいやつやんｗ」とか言われて、選びづらかったりするから。

チョコレート（13歳・トランスジェンダー・愛知県）ジ

ありのままの自分を認めてもらいたい。自分は多分トランスジェンダー男性（体は女性、心が男性）だと思います。でも、それを打ち明けたのは数人の大人だけで、友だちなどにはまだ話していません。もし、バラされてしまったり、からかわれたりしたら嫌だし、理解してくれたとしてもその友だちは秘密を守らなければならないため、負担になってしまうのでは、といろいろ考えてしまうのです。学校では「お前オカマかよｗ　キモっｗｗ」とか、「俺ホモじゃないしｗｗ」「〇〇ってレズなの？ｗ」などという声が当たり前のように聞こえます。だから余計に誰にも性別のことが話せません。

いくら男性っぽく振る舞っても、いくら男子と仲良くしていても、他の男子とは違って、男性にはなれなくて、「俺」ではなく「私」を使うのが当たり前で、セーラー服を着て、習い事の関係で髪は長くて、女子として扱われ、性別を聞かれたら「女性」と答えなければいけない。体以外は他の男子と何も変わらないのに、体の違いだけでこんなに区別されてしまう。どんなに努力しても自分は女性であることが変わることはなく、「男性になる」というたったひとつの大きな願いは叶うことはない。そう思うと、すべての努力が無駄に思えてきてしまいました。

なぜ、自分は多くの人は気にしていない性別のことをこんなに気にしなければいけないのか、ただ少数者だからという理由で区別され、「理解がある人」

に気を使われなければならないのか。ただ自分はトランスジェンダー男性ではなく、ひとりの普通の男性になりたいだけです。だから、胸を張って「自分は男性だ」と言える、そんなありのままの自分が認められるようになってほしいと思います。

Leo（14歳・無回答・静岡県）ジ学

自分の〝普通〟が人の〝普通〟になること。周りの友人の「好きになった人が好き」というのは、前提として異性だということがあるけど、私は本当に性別関係なく恋をするパンセクシャル（※）で性的少数者です。BL、GL（※）がマンガにて広まるなど、今の時代は私と同年代の子たちにも理解はある気がします。でも学校で習うわけではないし、誰がこの話題を拒否するか、また受け入れるか、判断できないいまま息苦しい日々を送っています。

親からは、同性同士の恋愛は断固拒否、と昔から言われているので、理解者は身近におらず……。そしてセンシティブ（？）な話なので気軽に話せません。私は自由に恋がしたいし、性別関係なく生きたいです。なので、「自分の常識が世界の普通だと思われるようになればいいな」と願います。

らと（14歳・女性・宮城県）ジ

※パンセクシャル　すべての性自認をもつ人を区別なく恋愛対象とする人のこと。
※BL、GL　Boys' Love、Girls' Loveの略称。同性愛を題材とした小説やマンガなどのジャンルを指す。

本当の男の子になりたい。自分は男の子だと思いたかった。なんで胸があるのか。なんで生理がくるのか。なんでこんな体なのか。女扱いされるのも嫌だし、すごくつらい。体を見るたびに、なんで生まれてきたんだろう、ずっとつらいまま生きていくなら生まれてこなければよかった、って思う。

あお（15歳・無回答・栃木県）ジ

今からも、これからも「男らしい」を男子に強制しないで。私の学校では、女子は髪をロングでもショートでも、「華美でない」なら、なんでもいい。でも、男子は違う。校則には、要約すると「髪を伸ばすな」と書かれている。おかしいと思う。

私は一度、先生に「男子でも女子並みのヘアスタイルの自由さを」と提言した。でも、「清潔感がなくなる」「周りに髪を伸ばしている男はいなくなる」と却下された。それは、「学校」がつくってるんじゃないの？　とくに中学校から、「男子は髪は短くするべき」というものを男子に押し付けはじめている。なぜなら、小学生の時は伸ばしている男の子がいたし、私の中学校では、「小学生までは伸ばしてた」と言っていた男子がいたし。学校の校則で、大多数の男の子が「男子はこうあるべき」に矯正されていっていると感じる。

学校の外に目を向けてみる。テレビでは、ミディアムヘアの男性俳優さんがいる。小説には、髪が長い男の子が登場する。髪を束ねている男の子も。「男子の自由なヘアスタイル」は、有名人だけの特権なのか？　小説のなかだけの話なのか？　私は男子の「自由なヘアスタイル」はもちろん、「制服でスカート選択可」など、男性に「男らしく」を強制しないでほしいと思う。

くりきんとん（15歳・女性・兵庫県）ジ 学

みんなを受け入れられる社会になってほしい。

親に自分の性のことを話した。パンセクシャルは「いいんじゃない？」って言われた。だけどノンバイナリー（↓P・68）は「気のせいじゃないの？　普通に女の子だったじゃない。そういうこと言いたくなる年頃なのね」って言われた。別に生きていくうえで性に疑問をもつことはよくある。「ずっと普通だったから」って……。普通って何？　ジェンダーマイノリティは普通じゃないの？　異常なの？　って思った。信じられないのはわかるけどそれを気の迷いで片付けてほしくない。

はる（16歳・ノンバイナリー・神奈川県）ジ

試験の性別記入欄に「その他」を追加するか、そもそも性別の記入欄をなくしてほしい。普段からXジェンダー（※）であることを隠していないし、周りも特別扱いすることなく接してくれるからあまり自分が少数派であることを自認することが少ない。

だからこそ、入試や英検など大きな試験で性別を記入する欄があると「自分は少数派で、社会的に認知されない存在」だと思ってしまう。体育で性別の選択をするのは仕方ないと思っているが、思考力を試すものに身体性別はどうして関係あるのかがどうしても嫌だから。

そんちょー（16歳・Xジェンダー・熊本県）ジ

※Xジェンダー　性自認が男性にも女性にもはっきりと当てはまらない人のこと。

誰もが自分らしく生きられるような、そんな世の中になってほしい。自分らしさを否定されないような、そんな世の中になってほしい。自分はクエスチョニング（※）だと思っていて、今は性別を決めていない。自身の性別に違和感を覚えはじめたのは中学3年生の時。最初は一人称に違和感を覚えた。もともと一人称は「ウチ」だったが、だんだんと合わない気がして、今は「自分」と人前では言っている。ネットでは「ボク」と言っている。本当は人前でもボクと言いたい。

次にスカートに違和感を覚えた。だから高校はスラックスのあるところを選ぼうと思った。今思えば他にも違和感はあった。考えすぎかもしれないが、その時既に誰にも恋愛感情を抱くことができなくなっていた。当時は受験のストレスでなんでも嫌になって、思春期だからと自分のなかで収めようとした。でも、違和感は高校生になった今でも変わらない。

そして、きっとここなら自分らしさを認めてくれる、そう思って入学した学校はまったくＬＧＢＴＱ＋（※）への理解がなかった。ＳＤＧｓや多様性などをうたってスラックスもあったがそれ〝だけ〟だった。制服採寸時、女子生徒用制服には必ずスカートがついていて、スラックスはあくまでオプションであり、別で買う必要があった。基本はスカートだったのだ。それだけではない。この学校にはネクタイはなく、冬はリボンを必ずつけなければならないという校則も存在した。どうしても嫌で数ヵ月つけないでいると教師に怒られた。

この人たちはどこで生徒を判断しているのだろう。すごく、すごく嫌で、この学校には心底失望した。受ける学校を間違えた。全部形だけで自分の勘違いだった。あんなに苦しみながら勉強して入ったのに、また苦しまなければいけない。つらすぎる現実だった。

つらいことは学校だけではなかった。スラックスがほしくて親に遠回しに寒いからと言って話していた。まだ性別のことを言う勇気がなかったから他に理由をつけた。しかし親が口にしたのは「ダサいからやめて」。ああ、もう話せないな、理解してくれないな、と思った。服だったり髪型だったり男みたいとたまに嫌味かのように言われたりしていた。

極めつけは自分の好きなファッションについてちょっと話したら「男に憧れても仕方ない」と言われた。本当に悲しくてつらくて……。現在はスラックスの話をすると「またはじまった」と言われる。

いまだに性別について話せたのはカウンセラーの先生だけ。先生はスラックスを買ってもらえるように一緒に考えてくれたり、リボンについても考えてくれたりした。でも、先生ごめんなさい。親はもう無理です。自分で買ってしまいます。

友だちにも家族にも誰にも話せない。自分らしくいることを許されない。そんなつらさはどうしたらなくなりますか？　社会に出たら自分らしくいられないのはわかります。なら、学生のうちだけでも自分で生きさせて。殺さないで。理由になっていないかもしれないけど、こんな経験を現在進行形でしている。言わないだけで、つらい人はたくさんいるそれが理由。

自分らしく生きたい人（16歳・無回答・福島県） ジ 声 家 学

※クエスチョニング　自身の性自認・性的指向が決まっていない状態にある人、あえて決めていない人のこと。LGBTQの「Q」にはクイアも含まれる。クイアはLGBTに当てはまらない性的マイノリティや、性的マイノリティを広範的に包括する考え方を指す。以前は、同性愛者に対する蔑称として使われていたが、現在では性的マイノリティ当事者がポジティブな意味で用いることが増えている。

※LGBTQ＋　性的少数者（LGBTQ→P・116）の頭文字に加えた「＋」には、自身を男性とも女性とも認識しない人、多くのジェンダーにひかれる人、性別に関係なくひかれる人などが含まれる。

★

正しいジェンダー教育をしてほしい。LGBTQ＋とかが教科書に載るようになった。だけど生徒も先生も、どこか他人事として捉えている印象がある。LGBTQ＋について単語だけ知っていても、アウティング（※）について知らなかったり、生まれつきも途中からもあるってことを知らなかったりする。教科書やテレビのなかだけで身近にはいないと思ってる人もいる。

この前、トランスジェンダーでオリンピック重量挙げに出た選手のことを、彼女ではなく彼と呼んだ先輩がいた。決して悪意があるわけではないと思うけど、その人の生き方と同時に自分の生き方まで否定された気がして苦しかった。

自分は女の子として生まれたけれど、女の子とは思われたくない。そう言うと他の人からは男の子になりたいの？　と聞かれる。なんで女の子と男の子しか選択肢がないんだろう。それ以外の選択肢があるということを学校でもしっかりと教えてほしい。先生たちも自分が今教えているこの教室にもいるかもしれない、ということを念頭に置いて授業をしてほしい。

T（16歳・ノンバイナリー・神奈川県）ジ 学

※アウティング　他人の性自認や性的指向を当事者の許可なく、第三者に言いふらすなどして暴露すること。暴露された当事者へ差別の対象となる恐怖を抱かせるなど、その精神的苦痛は計り知れず、最悪の場合本人の命に関わる問題となる。

車いすトイレだけでなく、性的少数者が使える「ジェンダーレストイレ」を増やしてほしい。女子トイレ、男子トイレはたくさんの施設にあります。そして、多くの施設では車いすトイレもあります。しかし、ジェンダーレストイレはあまりありません。体は女、心はどちらでもない自分の場合は女子トイレも男子トイレも違う気がして家まで我慢という場合が多いんです。本当に……増やしてほしいです。

瑞希（16歳・トランスジェンダー〔FtX〕・福岡県）ジ

性別関係なく好きになった人と付き合えること。好きな人が異性だろうと同性だろうと、その他の人でも、周りが冷やかしたりそれを弱みにいじめたりせず温かい目で見守ってくれる、友人や信頼できる人にいわゆる恋バナみたいに気軽に話せる、そんな世界になってほしい。

今は学校や職場でLGBTQ＋だと告白しようとしても、みなからは冷やかされて、嘲笑《あざわら》われて、いじめられて、みなが私から離れる気がして……。それが嫌だから他の人と似た感じを装っているけど、実際はもっと普通にみなと話したいから。すべて理解してくれなくても、せめて「こういう考え方もあるよね」みたいな程度の理解をしたうえで、その人がそうであると言いやすい世の中になってほしいから。

メトロ窓（17歳・男性・秋田県）ジ

自分は昔から男とか女とか、決めてほしくなかった。でも、別に性自認は女性だし、恋愛対象も男性で、私は普通の「女性」だった。でも「女性だから」って決められるのはすごく嫌だった。自分は「女性」だけど、心の奥では「男性になりたい」と思うことがあった。よく女性が言う「男になりたい！」って言うものじゃなくて、「女性としても男性としても生きたい」と。その心は、年々強くなっていった。

高校生になっていろいろな書類を書く時、性別の欄になると一瞬考えてしまうのだ。「私はどっちなんだろう」と。でも私は、本当に男性になりたいわけじゃない。でも、一生女性として生きていきたいわけでもない。そして1年ほど前、高校2年生の時だった。授業でLGBTの話題になった時、私はハッとした。私はLGBTのT。「トランスジェンダー」なのではと。やっとひとつの答えにたどり着いた。そんな気がした。

でも別に、女性から男性になりたいわけじゃない。私は両方として生きていきたい。女性らしい服装をして、女性らしく見せるのも好き。男性らしい服装をして、男性らしく見せるのも好き。「かわいい」と言われるのも好き。「かっこいい」と言われるのも好き。それで、日によって気持ちを変えた。女性らしく見られたい時もあれば、男性らしく見られたい時もある。でも、このことは誰にも言えなかった。そして最近、あるネットニュースが目に入った。それは「Xジェンダー」の記事だった。

「Xジェンダー」。それは「身体的性にかかわらず、性自認が男性にも女性にも当てはまらない」というもの。そしてそれには4つのパターンがあって、私はそのなかでも「不定性」と呼ばれるものなのではないかと。「不定性」とは簡単に言うと「日によって自分のなかの男性・女性の割合が変わる」というもの。まさしく自分に当てはまっていた。まあ、ちゃんと病院で検査したわけでもないから、自分の憶測に過ぎないのだが。

でもその言葉を知った途端、自分の世界の色が変わった気がした。なんとなくこれだろうという長年の悩みの理由ができて、安心したからだろうか？と思う。しかし、周りに相談することはいまだにできていない。機会は何回でもあった。それこそ私は、去年のLGBTを話題にした授業をした時、意を決してスカートだった制服をスラックスに変えた。髪も短く切った。その時は「男性」の気持ちの割合が多かった時期でもあったが、本当の理由は「性別を決められたくないから」だった。でも周りの友人・家族には言うことができず、「防犯のため」だとか「防寒だ」とか誤魔化してしまった。本当のことを言ってしまったら、好奇の目で見られるかもしれない。そんな気持ちが心のなかで暴れているのだ。そうしたら本当のことは言えず、今日まで言いそびれてしまっている。とくに両親にはとても言えない。だって両親は今まで「女の子」として私を18年間育ててきてくれた。

でも、お母さんは気づいていると思う。今まで服装が男性らしい日でも、女性らしい日でも何も言わなかった。女性らしい服装から男性らしい服装に変わった時、その服が一番あなたらしいと言ってくれた。制服もスラックスにしたいと相談した時、「いいんじゃない」のひと言だった。お金を出してくれたのもお母さんだった。制服だって安いものじゃない。きっと何か思うことはあったはず。本当に何も思ってないのか、気づいているのか。いつかカミングアウトできる日があれば聞いてみたいと思っている。

長々となってしまったが最後に。私はいつか、誰かにこのことを相談したい。そして、悩んでる人の力にもなりたい。同じようなことで悩んでる人に「それもあなたの個性だよ。そのままでいいんだよ」と伝えてあげたい。今は難しいかもしれないけど、いつかカミングアウトする日がきたら、その時、自分の本当の笑い声を届けられるんじゃないか。私はそう思う。

まゆき（18歳・無回答・愛知県） ジ 声 家 学

学校の制服を性別関係なしに選べる権利を与えてほしい。去年、私が通っている高校で「女子用のスラックス」の導入が開始されました。私の高校の女子はもともとリボンとネクタイを選べるようになっているので、体が女子で心の性が違う生徒はもちろん、もともとリボンやスカートがあまり好きではない女子生徒はこれで制服を自由に選択できるようになりました。

しかし、体が男子の生徒はいまだにスラックスとネクタイのみ、制服を選ぶ権利すらありません。他の学校でも女子用スラックスを導入した学校は数多くありますが、「男子用のスカート」を導入した学校はあまり見受けられません。いくらか前に男子用スカートを導入した学校が報道されたことがありましたが、まだ報道されるほど珍しい例だということでしょう。ジェンダー平等のために女子用ネクタイ、スラックスだけを導入して、男子には何もしないことはまた新たな性差別になっているのではないでしょうか。

スカートの導入は体が男子で心の性が違う生徒が生活しやすくなってほしいからですが、「夏に長ズボンは暑い。スカートがうらやましい」という話を聞いたことがあります。実際に夏と冬でスカートとスラックスを使い分けている女子もいるので需要自体はあるはずです。制服は学校の看板であり、学校を選択するうえでも重要とする学生もいます。また私のように「男子用」「女子用」と区別されること自体も苦しい生徒もいるでしょう。どの学校も性別にかかわらずリボンもネクタイもスカートもスラックスも誰もが選べるようになってほしい。

私は今年で高校を卒業する予定なので制服を着ることはもうほとんどないが、未来の後輩たちに同じ苦しみを味わってほしくない。

すみす（18歳・無性・静岡県）ジ 学

好きな人と結婚したい。高校1年生の頃から付き合って3年目の彼女がいます。彼女自身はXジェンダーなのですが、身体的には女性のため、現在の日本の法律上では異性婚と同様の法律婚はできません。その現状には何が問題になるのか考えるために、高校3年生の1年間をかけて同性婚と法律について研究し、大学も法学部に進学します。

すぐに日本が変わるとは思わないけど、先日の東京地裁の判決（※）のように着実に一歩ずつ進んでいるのは事実だと思います。だからこそ、私は今付き合っている彼女と結婚したいです。

はつねん（18歳・女性・神奈川県）ジ 進

※東京地裁の判決　2022年11月30日、東京地方裁判所は同性婚訴訟において、「現行法上、同性愛者についてパートナーと家族になるための法制度が存在しないことは、同性愛者の人格的生存に対する重大な脅威、障害であり、個人の尊厳に照らして合理的な理由があるとはいえず、憲法24条2項に違反する状態にある」とする判決を言い渡した。

1%でもいいから自分と血のつながった子どもをもてる可能性がほしい。性別を変えるには「生殖腺の機能を永続的に欠く」必要があるという残酷な日本の法律のせいで、私は不本意に子宮と卵巣を摘出して完全に生殖能力を失ってしまったから。お金があって卵子凍結をできていれば0%ではなかった。

しかし私はつい最近まで未成年だったし、親にもそんなお金はなくできなかった。なので、私が遺伝上の子どもを育てられる可能性は、現在の技術のうえでは完全なゼロになってしまった。私は他のトランス男性についての「たまたま子どもを産むことができた男性」という表現を見て、自分もそう生きればいいと思った。しかし、現実には日本の法がそれを阻んだ。

生産性（18歳・トランス男性・東京都）ジ 政

自分が思うありのままに生きたい。僕は心と体の性別が一致しないトランスジェンダーであり、恋愛対象が男性でも女性でも、障がいがある方でも、僕と同じようなLGBTQ+（↓P・182）の方でもOKというパンセクシャル（↓P・178）というものでもあります。

僕は小学5年生の時にトランスジェンダー、中学1年生の時にパンセクシャルということに気づきました。僕はこれは普通じゃないと思いながら生きてきて、ずっと隠してきていました。でも中学2年生の時、普通って何？　普通じゃなくてもよくない？　と思いはじめたのですが、やっぱり隠したほうが自分のためにも相手のためにもなるかなと思ってずっと隠してきています。多分、僕みたいに隠している方もいると思います。僕みたいな人が気軽に言えるような世界になってほしいと思ってこの願いにしました。

服装やメイク、髪型の自由をどこでも尊重できる世界にしてほしい。最近、女子はスカートでもズボンでもいいのに、男子はズボンだけ、という不平等が起きていることに気がつきました。そして、女性は絶対メイクをしなければならない。これも不平等だなと思いました。どこでもこういった意見が尊重されるような世界になってほしい。そう思ってこのお願いにしました。

紫音《しおん》（15歳・体は女性で心は男性のトランスジェンダー・千葉県） ジ

僕の性別を認めてほしい。「そんな性別存在しない」「中二病じゃない？」と言われる。親も認めてくれないし、自分のことを「僕」「俺」と言うと、女なのになんで、と言われる。「みんな違ってみんないい」んじゃないの。

#るぽくん（11歳・中性・北海道） ジ

公立中学校、高校の制服をジェンダーレスにしてほしい。私はスカートがはきたくないから、私立を受験しようと思っています。別にいいではありませんか、女子がズボンはいたって。別にいいではありませんか、男子がスカートはいたって。大企業ができるのであれば政府にできないことはありません！　お金がないとは言わせません！　政府は頭のネジでもゆるんでるのでしょうか？　女の子らしく、男の子らしくと言わないで。女の子だから身だしなみを整えろ？　何を言っているんですか！　男の子なのにピンクが好き？　それを言ってるあなたに迷惑がかかるとでも？　女がガキ大将だって、男がバレエしたって、いいでしょうが！

鳴呼、シナモン（11歳・女性・東京都） ジ

性別を気にしなくていいようにしてほしい。私は女性ですが、女性として扱われるのが嫌です。かわいい服を着たり、髪を伸ばしたりするのは大好きです。けれど、学校で「男子列」とか「女子の制服」とか、はっきり区別されるのが嫌です。私は男子とも仲良くしたいし、女子とも仲良くしたいのに中学校に入学すると、男女がはっきりと区別されてしまい、なんだか悲しいです。

だから、見た目としては女性で、社会的……とい

うか、扱い……っていうんですかね？　そういうのは男性がいいなと常日頃そう思います。

それに、私には彼女がいます。小学生の時に「好きだ」って話して、その子に「私も大好き」って言われて、それから付き合っています。けれど、日本は同性婚ができないし周りの理解もあまりないので肩身が狭いです。クラスの子に「好きな子いる？」と聞かれた時も、その子の名前を出すと「友だちじゃなくて？（笑）」と言われます。

おばあちゃんやおじいちゃんに話しても、「女の子なのに女の子が好きなんて変」と言われました。もっと堂々とその子を好きと言いたいです。私のような人が堂々と生きることができる日本がいいです。性別という分け隔てをなくしてほしいです。

また、国と人を別として考えてほしいです。私は、国は国、人は人で考えてほしいです。例えば戦争があって、A国とB国が戦ってました。でも悪いのはその国ではなくて、国の偉い人ですよね。悪いのはその国の人ではなくて戦争を行う人ですよね。私はもっとみんなに、「個人」を考えてほしいです。これは言っていいのかわかりませんが、今もウクライナ侵攻が行われてますよね？　私はロシアが正しいことをしているとは思いません。けれど私は、ロシアは大好きです。もちろんウクライナも。ロシアの楽器や、食べものや、言語や、さまざまなものに魅力を感じ、本当に好きです。

でも、それを声を大にして言えばみんなに非難されます。私はロシアという国が好きなだけです。もっと、国を、人を、個人を、分離して考えてほしいです。戦争は嫌いです。決していいことではありません。知っています。けれど、戦争をした国を恨むのではなくて、戦争をした国の人を恨むのではなくて、戦争を起こした個人を恨むほうが私は筋が通っていると思います。だから、国を非難しないでほしい、それが大人や社会に言いたいことです。


いちごだいふく（14歳・女性・千葉県）ジ 政

「女子だから」を気にせずに生きたい。女子だと、日本社会ではまだある程度は女子であることを気にして生きなくちゃいけないので、「なんで」と思うことが時々あります。

例えば、ひとり暮らし。洗濯物は外に干してはいけないし、カーテンも女の子らしくしてはいけない。男の人はそんなことしていないのに……。こそこそ暮らしてるみたいで嫌だなと思います。

大人には、私たちが目標となれるような生き方をしてほしい。ひとりでも、「こんな大人になりたい！」「この人みたいになりたい！」という人がいてくれたら、それは私たち若い世代が生きていく上で大きな希望になると思うからです。出会ってよかったと思える大人がたくさんいれば、自然と子どもの幸福度は上がっていくのではないかと思います。

さちもん（16歳・女性・兵庫県）ジ 声

★

女性を性的な目で見る大人がいなくなってほしい。高校生になって自分の容姿をかわいくしたくてメイクや髪の毛を巻いたり、時にはスカートを短くしたりしている行為を男に媚《こび》を売っている、誘っている、その容姿が悪いと言われるような出来事が2ヵ月に1回起きています。

電車通学なこともあって朝から大人に囲まれることになるのは覚悟していましたが、ここまでひどいものかと思います。痴漢や盗撮はもはや日常に、当然のように起きています。傘でスカートをめくられたり、今（2022年）この時代なのにマスクをはずして匂いを嗅いでくる人もいます。

けど、私たちは通報できません。逃げることも人がいるから動けないし、周りも誰も助けてくれないです。私がされてることに気づいてる人もいました。こちらを見て、残念そうな目で私を見てなんでもないような顔でスマホに目を戻す人たちが何人もいました。その場にいた人が助けてくれないのに通報したり、声を上げたりすることで何が変わるのか期待するまでもないし、次の週にはまた違う人にされるから意味がないです。だから通報できません、しません。助けてくれる大人がいると思わないからです。大事《おおごと》にされて、周りの同級生から「体を触られたんだ、あの子」と思われたくないし家族に言おうとしても思い出したくなくて、自分が汚れた気がして怖くて言い出せません。高校生だから、スカートをはいているからという理由で、なんでこんな思いをしなきゃいけないんでしょうか。スカートを短くするのが悪いとか言う人もいるかも知れませんが、私たちは自分の人生を楽しむためにしているのであって、決して痴漢をされたくてかわいくなろうとしてる子なんていないです。それを相手が「君がそんなにかわいいのが悪いから（笑）」なんてことを言ってくるのにとても腹が立ちます。

こういう問題に目を向けるようになって調べてみたり、被害者の声を聞いてみたりすると、根本に男性が女性に対する意識が下にある、性的な目で見ているということにあるのかなと思いました。私の意見だから実際は違うところがあるかもしれないけれど、性的搾取や女子高生を性の対象として見ているすべての人が許せません。

理不尽な校則をなくして、意味のある現代に合わせた校則を望みます。ツーブロック禁止や下着指定など理解ができません。都内だけではなく全国で公立私立関係なく校則を見直してほしいです。「ヤンキーに絡まれるから」や、「少しでも犯罪から遠ざけるため」など、容姿で人を見ている時点で生徒のことを見ていないのではと思っています。

もちろん、スマホを禁止したりすることはいいとは思うけど、他にやることあるでしょう、と思います。ポニーテールが男子の性欲をかき立てる可能性があるから禁止なんて、それこそ男子が女子を性的な目で見ている前提で話をされても困ります。それなのに体育の時は、命の危険があるため冬でも規定のジャージ以外はヒートテックを禁止など、おかしいです!! 身だしなみを整えて風紀を乱さないための校則なのに眉毛をいじってはいけない、前髪は眉毛より上などおかしい。日本の校則はおかしい。世界に胸を張って理由を説明できるのか。どうかお願いします。理不尽な校則を変えてください。

大葉春巻き（17歳・女性・千葉県）ジ 学

制服の男子スカート、男子リボンが早く進んでほしい。私の学校では、ジェンダーレスと言い女子ネクタイや女子スラックスの導入がされました。しかしながら、男子スカートや男子リボンの導入はありません。女子の選択肢が増えるなか、スカートやリボンをつけたい男子への選択肢はいまだに広がらないのが疑問です。

ぬぬぬ（15歳・男性・東京都）ジ 学

同性とお付き合いがしたい。大好きな子とずっと一緒にいたいから。友だちとして好きなのか、恋愛としての好きなのか、どちらかはわからないけど、ただ、その子とずっと一緒にいたいんです。他の友だちから聞くカップルのケンカ話とか、学生時代の過去とかのおかげで、私は異性に少し嫌悪感を抱いています。同性の女の子のほうが接しやすいし、かわいいなと思っています。無理して恋愛はしたくないな、とも。

あと、「結婚」って一緒にいたい人とするものじゃないですか？ なら、個人的には恋愛感情抜きで同性と「結婚」とかも、いいんじゃないかなと思っています。

お互いがお互いのことを気遣えるような社会になってほしい。人って、自分のことしか考えてない時が少なからずあって（人によって感じ方は違うけど）、その時の周りの人って自分が思ってる以上に嫌だなとかのマイナス、またはプラスの感情をもってると思います。私の場合は、一応周りは見てるけど、見る以上の声をかけるとかの行動に移せなくて、心のなかで思うだけなんです。

ただ、「思う」って思いやりとか気遣いとかのレベルじゃなくて、それ以下であって。「思う」なら実践すればいいじゃないと思うけれど、実践できないのは、そういった「思う」以上の行動を見かけないから。たくさんの人が「思う」を行動に移せるのなら、きっといろんなことが変わると思ってます。

謎な（17歳・女性・山口県）ジ声

…………………………☆

ここ数年、よく悲しいニュースを見ます。自ら命を絶ったり、心の病になったりという内容です。これらは決して本人たちが悪いわけではなく、その人を取り巻く周りの環境に理由があると思います。

人は誰もが幸せになる権利があると思いますし、こんな悲しい現実を見たくありません。私はみんなが平和に幸せに生きられる世界になってほしいです。

私はよく「○○らしく」という言葉を聞きます。男らしく、女らしく、高校生らしく、子どもらしくなどという言葉です。私はこれらの意味がよくわかりません。例えば、男らしく、女らしくという言葉は、今、多様性が重視される社会でよく耳にします。最近、ニュースで男性がメイクすることに対しての女性の意見の特集を見ました。男性がメイクすることへの是非を問い、恋愛対象になるかを取材していました。男性のメイクについては少しずつ、社会に認められてきている気がしていますが、いまだに男性がメイクをするのはらしくない、という言葉を聞くと、不思議に感じます。

しかし、私がもっと疑問をもつのが、女性のメイクについてです。ほとんどの女性は高校生まではメイクをすると非常識とみなされ、指導を受けます。ですが、社会人になると、メイクをしてないと非常識とみなされ、メイクをすることを強要されます。このような男なら、女ならという固定観念について私はどうしても理解ができません。

そして、校則に載っている中学生、高校生らしくという言葉の意味もわかりません。学生は髪型や服装を学校に指定されます。これは個人の自由を奪っていると思います。眉毛を剃ると指導、髪が少し伸びたら指導、髪を巻くと指導。外見について気を使うのは思春期の学生ならではだと思いますし、一番おしゃれを楽しみたい時期に校則に縛られるのは嫌です。

そして頭髪検査をする意味もわかりません。私自身頭髪検査の時に必ず止められます。髪が少し茶色いからです。地毛だと説明したら、すぐに疑いは晴れますが、髪色をいちいち記録されるのも不思議ですし、たとえ私たち学生は髪を染めていても勉強に支障はきたしません。このような理由から私は○○らしくという言葉がなくなればいいなと思います。

ゆうり（17歳・女性・大阪府）ジ 学

異性同士でしか結婚できない理由がわからない。国はいくつか理由を述べているけど、どれも納得できる理由ではないと思う。

私が今好きな人は幼なじみの女の子だけど、この関係が崩れてほしくないし、もし偏見があったりしたら引かれるのかなとか考えて言い出せていません。もし同性婚ができるようになったら、世間の雰囲気も変わって言えるようになるのかな。いつか大好きだよって言いたいな。

同性婚、夫婦別姓、教育、貧困問題など、今の社会では、制度などの不足によって人生における重大な選択を迫られるタイミングで、すべての人にとって公平な選択ができていないと思う場面がたくさんあります。異性同士以外のカップルが婚姻を結べないことや、夫婦別姓を選択できないことによってパートナーとの関係が保証されていないカップルがいたり、福祉制度の不足から受けるべき教育が受けられない人がいたり、守られるべき命が守られていなかったりすることは、人権が守られていないということだと思います。

　私が大人になったら、公平な選択ができる社会をつくるために貢献したいです。

ひたき（17歳・女性・神奈川県）ジ 政

☆

　女子と男子できれいに二分割されないことを願います。生物学上は、二分割されるべきだと思っています。身体的特徴も歴史も違うから。ただ、当たり前のように「どっちでもないよ」と言える空気がほしいです。どっちでもないけど生物学上は女性だから女子トイレに入るだけなのに。

　そして、子どもの些細なSOSを汲み取ってほしい。大人も一生懸命に生きていることはわかっています。でも、中高生はそれよりもさらに狭いコミュニティで必死に生きている。助けて、と言えない時に「助けてほしいの?」なんて言われても頷けないです。「助けたい」って言ってほしかった。子どもは子どもで必死に生きてるのに、どうにかなってきたから大人になった人たちに「どうにかなるよ」と言われても死にたさが募るだけでした。でも、私もどうにかなってしまった。


むぅちゃん。（18歳・Xジェンダー・東京都）ジ 声

☆

　1分、1秒でも早くジェンダー平等が叶って、性別にかかわらず誰もが楽しく生きられる世の中になってほしい。女の子だから、男の子だからって好きなことを制限されるのは間違ってる。みんな一人ひとり違う個性があって、好きなもの、苦手なもの、得意なこと、趣味が違う。なのに制限されたり、決めつけられたりして、「常識」というものに縛られている気がする。

　今の世の中「○○なんだからこうしなさい」。そういうのが多い気がするから。だから、常識にとらわれないでほしいです。今の大人は古い。昔の常識にとらわれてる。昔はこうだった、とか、〇〇なんだから、っていうのは本当に古いと思う。今についてきていない。もっと、若者の現状を知ってほしい。

いつも笑顔で。（11歳・トランスジェンダー・東京都）ジ 自

性別に関係なく誰もが生きやすい社会にしたい。女の子だけど僕と言いたい時もある。女の子だけどズボンをはきたい時もある。なのに大人は一人称を否定したりスカートを無理にはかせたりする。こんなことで苦しんでいる人がいるということをわかってほしい。そして、みんなが自由に生きやすい社会になればいいなと僕は思います。

紫音（13歳・女性・岡山県）ジ

LGBTQ（→P・116）の人とかって周りにいないよね、なんて思わないでほしいです。もしかしたらそれを聞いた友だちも当事者かもしれません。私はこの言葉を聞いた時とても苦しくなりました。存在が否定されたみたいに感じました。テレビの世界だけだと思わないで。周りにいるよ、ということを知ってほしいです。

人の性別は十人十色。だから、学校でLGBTQについてもっと教えてほしい。私の周りにはLGBTQなどに対しての偏見がすごくあります。そういう偏見などを聞くと死にたくなります。少しでも偏見がなくなるように当事者の声を交えた講演会をしたり、実際に当事者の方で講演会などをしている人に来ていただいてお話をしたりしてもらいたいです。偏見や差別が少しでも減ってほしい。周りには偏見や差別をされて傷ついている人がたくさんいることを実感してほしいです。

十人十色（14歳・Xジェンダー・長野県）ジ

性別が選べる世界になってほしい。僕は自分の性別が嫌いです。一応、女です。だから性別は回答しませんでした。履歴書も一部のテストも学生証もいつだって、性別を書かなくちゃいけない。それがつらいです。誰かに話していい理由なんて、ぶっちゃけないと思います。だって、周りに「自分の性別が嫌い」なんて言ってる人、見たことないです。双子の妹はそんな事一切無縁だし、自分の性別に違和感なんて覚えたことないと思います。

もうすぐ15歳になります。自分の将来のために必要なことは考えていますし、このことは母にしか言えていませんが、いつかは自分の現状を言っても、しっかり受け止めてくれる人と出会えたらいいなと、強く思います。

僕の父は、ずっと否定的です。だけど、世界にはこのどうしようもない気持ちを受け止めてくれる人がいるって信じています。誰だって複雑な思いを抱えることはあると思います。だから、しっかり気持ちを受け止めてくれる人がいて、僕らが少しでも生きやすい社会をつくってくれる人がいる。そんな社会を少しでいいので、願わせてください。

中間色人間（14歳・無回答・和歌山県）ジ 声

女の子、男の子にとらわれず生きられるようにしてほしい。○○の職業は男の人ばっかりだから、みたいなので夢をなくしてほしくないから。

ゆーゆ（10歳・女性・兵庫県）ジ

自分自身、心と体の性別に違和感があって、制服登校も女子トイレに入ることもつらい。制服登校はスラックスで行っているけど、本当は女子の制服じゃなく男子の制服が着たい。でも、それはきっと卒業するまでできることはないだろうし、高校へ行っても結局女子の制服を着なきゃならない。

それに自分自身の心の性別は男で恋愛対象も男。そのせいで、もし恋愛することはできたとしても結婚はできない。だからやっぱり性別なんか気にせず暮らせるような世界になってほしい。

のうなしばかぽん（14歳・心の性が男・山形県）ジ

今ではネットで性について知ることがよくある。でもそのなかには間違った情報を取り扱うサイトもあるし、未成年を性被害に遭わせようとするサイトもある。正しい知識があればそのようなものに頼ることがなくなり、性被害も少なくなると思う。

それに、ジェンダー平等を実現させるためにも、生物学上のヒトにおける女と男の特徴を長所も短所も知っておくべきだと思う。学校で性教育をする時も男子と女子で分けることは極力なくして、互いが互いについて知れる機会を設けたほうがいいと思う。

けるぬす（14歳・女性・千葉県）ジ

同性婚を国が認めて、生きやすい世の中にしてほしい。これだけ声を上げている人がいるのに国が動かなければ、国が差別しているのと一緒ではないのだろうか。いくらＬＧＢＴＱ（↓Ｐ・116）という言葉が広がっても根本的なところを変えなければ誰もが安心して過ごせる世界にはならないと思う。

いつか好きなタイプを言うのと同じように、同性が好きであるということを普通に言える世の中になってほしい。男女の恋愛ドラマだけでなく、男性同士、女性同士の恋愛ドラマが普通に放送されるようになることを心の底から願っている。

ずっと一緒にいたいと願う人たちの幸せを国が阻害するような世の中にはならないでほしい。差別する心を変えられなくとも、法律は変えることができるから。

マミィ（15歳・女性・兵庫県）ジ

自分自身のことを「ノンバイナリー（→Ｐ・68）」だと思っているが、周囲の人々に打ち明けられない。とくに両親。子どもである自分のことを「女の子」として育ててきたこと、まだ新しい価値観を受け入れられずに「オカマ」や「ゲイ」などと面白おかしく見ている。

できることなら「女性らしさ」につながる胸を取ったうえで社会人として生きていきたいのに経済的には難しい。「それぞれの性別らしさ」を押し付けられずに生きていきたいのに社会の考え方は変わらない。こんな子どもを社会に生きる性的少数者（というよりは多様化した新しい性とポジティブに受けとってほしいが）として受け入れてくれないと思うと心が苦しい。

ノンバイナリーの場合、病院にかかっても「性同一性障害（→Ｐ・175）」との判断をくだされない。その外側にいる。主にＦｔＭ（Female to Male）やＭｔＦ（Male to Female）という人々は診断を得ると性別転換の手術がしやすくなるがノンバイナリーには何も手段がない。

また、トイレも男性用にも女性用にも入りづらく、多目的トイレ（誰でもトイレ）を使うと車いすの方やベビーカーの方などの迷惑になってしまう。ジェンダーレスなトイレをたくさん設置したひとつの部屋を造るのではなく、多目的トイレのようにひとりしか入れないトイレにしてほしい。そうしなければ性犯罪が起こる危険性があるから。

そして、性の多様化に伴って、まず、（医療など身体的な性別が問われ、それが重要である場合以外の）パスポートや学生証などに自分らしい性別を表記することを許可してほしい。無理に身体の性別で書くことは自分自身を偽っているようで苦しくなるし、自分の性別のほうが自信をもっていられる。

また、結婚の幅を広げてほしい。必ずしも男性と女性が愛し合わなければならないという価値観は古い。どんな人同士でも愛し合って結婚することは日本人の幸福度を上昇させるだろうし、より多くの人が充実した生活を送れるだろうと思う。このような意見を出すと、また少子化が進むなどと思われてしまうことがあるが、今まで結婚できなかった人が結婚するだけであり、この結果が少子化に影響するとは思えない。よって法改正によってさまざまな人が結婚して幸せな生活を送れるようになってほしい。

ヘニム（16歳・ノンバイナリー・岐阜県）ジ

僕はもともとクエスチョニング（→P・182）で一人称を「僕」と言っているけど、お前は女なんだから私と言いなさいとか、正直つらい。学校の制服もスカートをはかなきゃいけないのがつらい。でも学校に行かなきゃ両親が心配するから、無理してでも行くっていうことを今でもしてる。

価値観は人それぞれであって、それは押し付けるもんじゃないから。そんな僕は、性のあり方で悩んでいる。学校がつらいという時に相談に乗ってくれたり、話し相手になってくれたりしたのは、ネットで知り合った同年代の子やひと回り上の方で、話して気持ちが軽くなった。ネットには変な人しかいない、関わってはいけないと言われたが、実際はそんなことなく、少なくとも僕が関わった人たちのなかにはそんな人はいなかった。僕が今生きられて、こう伝えられるのもその人たちがいたから。

変な人、関わってはいけない人はいるかもしれない、ただそれはごく少数で全員が全員そういうわけではないということを知ったうえで、考え方を変えてほしいと強く思う。僕ひとりで何かが変わることではないことはわかってる。でも、この気持ちを今伝えなければ何も変わらない気がした。

蒼（17歳・元クエスチョニングの女性・千葉県）ジ 自

本当のジェンダー平等を願います。私は現在高校

3年生で、うちの学校には女子だけに更衣室があり、男子はカーテンもない教室で体育の授業前などに着替えています（廊下には女子が通っている）。散々学校で「SDGsが〜」と教えているのに対し、5番にある「ジェンダー平等を実現しよう」とやっていることが真逆です。

この前開催された体育祭も女子は更衣室が確保されていたのに対し、男子は外で女子や近隣の住民、保護者から見られるような場所で着替えました。性に関することなのであまり学校の先生方や校長先生に言いづらく、インターネット上にある学校の掲示板にも書けません。

また、ジェンダーレス制服とうたってこれまで主に男子が着用していたスラックスやズボンを採用した高校などがありますが、主に女子が着用しているスカートを男子向けに採用している高校などはあまり見かけません（夏などの暑い季節に着用するならとてもいいと思うのですが）。もし採算性が取れない場合でも選択肢のひとつとしてインターネット上の写真（ネット記事）などに載せておくべきだと思います。子どもに教育するための学校がこれでいいのでしょうか？

ういあ（17歳・男性・宮城県） ジ

☆

私は、LGBTのなかの、トランスジェンダー（T）です。体は男だけれど、女の子の心です。

保育園の遠足の時に、着替えでスカートが入っていたことが原因で、小学校で差別、偏見をもたれ、今は不登校です。だから、困っている人がいたら、助けてあげてほしい。困っている人がいたら、助けるのは常識です。でも、見て見ぬふりをしている人が、周りにはいっぱいいます。見て見ぬふりをすると、困っている人が悲しみます。どうか、見て見ぬふりをせず、助けてあげてください。

美しい景色。（10歳・トランスジェンダー・新潟県） ジ 不

自分が名乗る名前がニックネームでもいいようにしてほしい。自分の本名はどの性別かわかりやすくって、自分の本当の性別がバレそうで怖いから。自分が生きたい性を生きられないから。さすがに、テストとか、免許証とかには本名書くけれど……。自己紹介とかはニックネームがいいな。

みおくん（15歳・無回答・愛知県） ジ

しっかりしてるのは女とか、女だから大きいものはもてないとか、女だからおとなしいだろうとか、そういう性別にとらわれた偏見、性別による差別をなくしてほしい。

私は心も体も女だけど、女性みんなに当てはまらないことで自分が括られるのは嫌だ。自分がやりたいことを女子だからできなかったり、やりたくないことをやらされたりする。理由は女子だから。

女であることに誇りをもっているけれど、どうして男だから、女だからというような性別によって勝手に想像されて、できる偏見でみんな行動するのか。それがたくさんの人の心の奥を傷つけていることがわからないのか。

こういうことをするのは55歳を超えた教員（再雇用も含む）に多い。私は教員から日々感じる。高齢の人は昔の男尊女卑の時代を生きていて、今の時代に合う考えに変えるのがなかなかできないのかもしれないが、もう昔の時代ではない。性別で人を分けないで、性別で勝手に判断しないでください。女と男というのは生まれた時に決められているだけであり、中身はそれぞれだから。女だから、男だから、という絶対的なことはないということに早く気づいてください。

なーり（16歳・女性・山口県） ジ

どんな人も楽しく生きられて不自由ない世界にな

ること。私の周りには性同一性障害（↓P・175）の子がいて、周りに自分の気持ちをいえずに苦しんでいるのを見て、つらい気持ちになったり、性同一性障害のことを「障がい」と言っておかしいことのように言ったりしているから。

そして、私自身LGBTQ（↓P・116）のQで、自分の性別がわからないし自分の恋愛対象がわからないから、「これっておかしいことなのかな？」と思ってしまう。こんなにつらいのに、偏見や差別で傷つくことを言ってくる人がたくさんいるのは良くないと思うし生きづらい。

りか（11歳・わからない・北海道）ジ

Chapter 11

自分・心・個性

理想と現実、焦りと葛藤。答えがなかなか見つからない、自分自身との付き合い方。自分にしかわからない問題だからこそ、勇気を出して、彼らは声にする。他者と思いを共有することで、新しい何かが動き出すかもしれないから。

泳げるようになりたい。なぜかというと小学校4年生の時に怪我をして水泳をやめてしまいました（平泳ぎまで）。すごく悔しかったけれど、またやりたいという気持ちもわかなくて、諦めてしまいました。

中学校の部活見学に行って、また泳ぎたいと思って入部したのですが、そこまで甘くはなく、周りのレベルについていけなくてもう挫折しています。

また、お母さんに「よく考えなさい」と言われていたのに水泳部に入部したので、やめるにやめられなくて、本当は疲れたなど話したいけれど今さら話せる気がしません。泳ぎたいと思っていたのに、もう泳ぎたくないと思ってしまっている自分も嫌いです。

固定観念をやめてほしい。本当に大切だと思ったこともありますが、「私たちの頃はそうだった」など、本気でやれと言われても苦手な分野はあるわけで、そこも理解して接してほしいと思っています。

菜の花（12歳・女性・神奈川県）自

泣かずに感情を表現できるようになりたい。悲しい時、嬉しい時、悔しい時、いつもいつも泣いてしまってしゃべることすらまともにできないから。「なんで？　なんで？」と問いつめないでほしい。話そうかなと思っていても、問いつめられるとやっぱり話しにくくなるから。

あや（14歳・女性・愛知県）自

十人十色の世の中になってほしい。私は自分の

「素」を人前で出すのが苦手で、自分を自分らしく表現するのが苦手です。だから、自分のありのままでいられるようにお互いのことを認めて、否定などせず受け入れられるような社会になってほしいと思っています。それが私の願いです。

それに大人は、仕事とか人間関係とかで追い詰められると、冷静さや希望とかとにかく余裕がなくなってしまって、やりたかったこととか忘れてしまうから、休める時はとことん好きなことをしてほしいです！

かほ。（14歳・女性・千葉県）自

周りを気にしないで生きたい。学校では、先生からの印象がいいように過ごさなくてはいけない。本音を言える友だちがほしい。人工知能でもいい。

本当の自分を知っている人がこの世にいないことが怖い。だからといって誰かに理解してほしいとは思っていない。今と昔は違う。スマホをもつことは当たり前だし……。価値観を押し付けないで！　私が今思っていることを理解できる人は絶対にいない。理解しなくてもいいから、考えてほしい。

ルル（14歳・女性・神奈川県）自学

自分を変えたい。自分のことを見つめ直す機会が増えて、変えたいと思う部分が増え続けている。自分を変えることは自分にしかできないけれど、自分が変えられないから困る。なんでもかんでもめんどくさいと思ってしまう癖や、楽なほうに逃げてしまうところを変えたい。

大学の学費をもう少し下げてほしい。私は今高校1年生で、春から2年生になります。最近、この先の進路のことなど、自分のやりたいことと照らし合わせながら考えてみるようになりました。

そこで、大学に行きたい！　と思った私なのですが、学費を見て、とてもではないけど親に言いづらいなと感じました。大学に行きたいことは1年生の夏頃からはもう決めていて、志望校もほぼ決まっているのですが、とても親に言い出せません。負担になってしまうのでは、と思うと怖いです。奨学金などの制度もありますが、私にはよくわからず、それを使うにしても親に相談しなくてはならないため、あまり気が向いていません。これらのことから、大学の学費をもう少し下げてほしいな、と思いました。

膵臓（16歳・女性・大阪府） 自 進

ネガティブな性格を直したい。私はかなりネガティブでうしろ向きな性格です。失敗や後悔をずっと引きずってしまったり、誰かから褒められたり、ことがうまく運んでも「本当はこんなことを思っているに違いない」と考えて、前に進むのに臆病になってしまいます。前向きに考えられる人間になりたいです。

めららら（17歳・女性・兵庫県） 自

自分の顔、体を変えたい、美しくしたい。内面のほうが大切、大事だと言われるが、正直容姿で評価される世の中だと思うから。

男尊女卑社会がなくなってほしい。女の人の立場が弱い社会がなくなってほしい。痴漢されるのも、性暴力を受ける女の人が多く、男の人はどこか女の人を下に見ているような気がしてしまう。

本能ちゃん（17歳・女性・愛知県） 自 ジ

自分を好きになりたい。私の友だちはかわいくて、頭が良くて、性格も良くて、愛嬌もあって、自分に芯があるような素敵な人です。そんな人だからこそ多くの人に好かれて、頼られて、私はそんな友だちと自分をいつも比べて落ち込んでいます。

私には何も取り柄がないように思ったり、誰からも本当に好かれていない気がしたりします。そう考えるようになってから、いろいろな人の目を気にするようになってすごくつらいです。

すべての人が平等だと思わないでほしいし、そう言わないでほしい（とくに恵まれた環境で育ったような方）。田舎に住んでいる私は、高校の友だちとでさえも環境の差を感じます。そんな差があるにもかかわらず、先生方はさもみな同じだと思っているかのような言い方をよくしたり、先生に限らず、メディアに出ている方も言ったりしている気がします。すべての人があなたと同じ物差しをもっていると考えないでほしいです。

ガンダム（17歳・女性・長崎県）自

普通の17歳として生きていきたい。家庭環境のせいで中学卒業と同時にひとり暮らしをはじめて、働いて生活費も何から何まで自分で出して……。誰にも甘えられず、誰と話していても心で話すことができません。いつも、相手が何を言えば喜ぶかなど、自分の気持ちは一切無視して話をしてしまいます。

同級生で普通に学校に通って友だちと普通の遊びができる子がうらやましいです。人の顔色をうかがわずに、自分の気持ちだけで話せる友だちがほしい。

るんるん（17歳・女性・埼玉県）自 家

周りの目を気にしすぎる性格をやめて、もっと自分を表現できるようになりたい。周りの目を気にして、周りに合わせると疲れる。自分を偽って生活していると本当の自分がどんな人間なのかわからなくなったり、嫌いになったりするから。周りに流されずに自分の考えや生き方をもっている芯のある人に憧れているから。

学生の時にもっといろいろな大人と関わりたい。

大人の世界ではいろいろな個性や生き方をもった人がたくさんいて、学生の時にいろいろな大人と関わることで自分らしさに自信をもてると思うから。

ささ（17歳・女性・沖縄県）自

自分の気持ちをすべて知れますように。私は自分の感情をうまく表現できなくて、つらい気持ちが溜まって耐えられなくなることが多いです。誰かに「助けてください」と言えば、何かが変わるのかもしれないことはわかっています。でも、できないです。親につらいと伝えた時に「つらいのは自分自身のせいだし、もっと強くなりなさい」と言われたことがあるからです。

たしかに、つらいのは私がうまく感情を処理できないせいで、誰のせいでもない。私は虐待もいじめも受けたことがないし、恵まれた環境で育ててもらっている。私よりつらい人はもっといる。これくらいは我慢しないといけない。でも、このあてもない感情はどうすればいいのかわからない。

こんなふうに思っていた時に、自傷行為というものを知りました。自傷行為をすると、一時的によくわからない感情はどこかにいってスッキリしました。自傷行為さえしてれば私は自分を保てるんだと知りました。でも、親にバレました。家族に自傷行為をすることを否定されました。「くだらない」「普通じゃない」「おかしい」などといろいろなことを言われました。

私もくだらないことだとわかっていたし、一般的に考えたら普通ではない（多数派ではない）ことはわかっていました。でも、やめることはできなかったんです。私は今も自傷行為を続けています。でも、私はどうして自傷行為をするのかわからないです。

たしかに、あてもない感情を晴らすためというのはひとつの理由です。でも、最近は自傷行為をしても、スッキリしないことが多いです。つらさがそのまま残ることが多いです。私は自分が本当はどうしたいのか、誰に何を伝えたいのか、わからないです。だから、私は自分の気持ちのすべてを知れますようにと願います。読みづらい文章ですみません。

子どもの考えを押しつぶさないでください。押しつぶされたら、その子は自分の考えがわからなくなってしまいます。大人のほうが長く生きてるから正しい考え方なのかもしれません。でも、子どもは子どもで感じたことを、考えたことを精一杯表現しようとしています。あなたの考え方は間違っていると言われたら自分を否定されたように感じるかもしれません。次から否定されるのが怖くて言えなくなってしまう子もいます。

だから、否定するのではなく、その子の考え方を聞いて、一緒に考えてあげてほしいです。そのうえで大人の考え方を教えてもらえたら、自分の考えも、大人の考えも否定しないでいられます。

かっこ（17歳・女性・東京都）自

言語化せずとも、思っていることを自由に伝えられるようになったらいいな、と思います。自分の感情を言語化するのが苦手で好きじゃないからです。それ以外のことは普通に話したり書いたりできるけど、自分のことを話すのは難しいです。学校の教育相談や進路相談の時は、話したいように話せないことが多いです。話そうと思っても喉がぐっと痛くなってうまく声が出せないです。

私は、この社会が好きです。この世界の人類の営みが好きです。住宅街に息づく人々の生活や、街に広がる人々の活動からとても元気をもらえます。満たされます。

正直、学校に行くより、この社会をただただ見ていたいです。私がこんなふうにこの世界を愛せるのは、私に関わってくれた大人のみなさんのおかげだと思います。この世界は楽しいと、面白いと、私にどんな時も伝え続けてくれました。本当にかっこいいです。これが、まず大人の人に言いたいことです。

はるる（17歳・女性・新潟県）自

勇気がほしい。何かを伝えようとすると、言葉がうまく出てこないことがあります。言葉が喉につまっているような感じがして、声が出ません。周りの人はみんな優しくて、すごく経済的に困っていたり、すごく悪い病気だったり、なんてこともありませんでした。

　私は自分のことがとても嫌いです。人に笑われたり、人に頼れなかったり、否定されるのが怖かったり、自分を特別に見せたかったり、自分の中身を知られたくなかったり、容姿や性格についての理想と自分との差に苛立ったり、そういうすべてが気持ち悪くて、それによって悲しくなったり、また怒りがわいてきたり、そのうちに疲れてしまいます。

　たくさんのことを一度にやろうとして、キャパオーバーになることが多く、すべて中途半端になってしまいます。いつも、いつの間にか、やらなければ、というものたちでがんじがらめになっています。

　進路や、未来と向き合って選択をすることはとても怖いです。自由であることがとても苦手です。何か正解を見つけて、正しくて、立派で、特別なことをしなければならないような気がします。

　それから、しばしば、何もかもが崩れ落ちて全部壊れてしまうような不安に襲われます。誰にも傷ついてほしくないし、自分も傷つきたくなく、でも自分にはできることはないだろうと思います。自分の気持ちはいつも曖昧で、自分でもよくわかりません。今の連続をなんとか生きていて、やりたいことや、すごく伝えたい思いがもっとたくさんあるのに、うまく言葉にできず、悔しく思います。

　今は、少し考えることも、立っているのにも疲れてしまいました。だから、ちょっとだけでいいから、自分を許したいです。ちょっとだけ、背中を押してくれるような勇気がほしいです。

冷たい胡椒（17歳・女性・鳥取県）自

やりたいと思ったことをやりきる力がほしい。やりたいことはいっぱいあるのに、なんでかやりきることができない。やろうと思ってやった時に少しでもつまずいてしまうと、次の一歩がなかなか踏み出せない。家族には、ただ私が面倒臭がりだと思われてるけど、そんなことはないと自信をもって否定したいから。

もう少しだけ年長者の余裕をもって、私たち若者に接してほしい。この間、電車でおじさんと少しトラブルになって、私は謝らない、と思ったけど、そのおじさんに体当たりされて怒鳴られたから怖くて声が出なかっただけなのに、「これだから若いやつは……」みたいなことを言われてすごくショックで、こんなに高圧的に自分に接してきたのは、私が若いから？　と思うと悲しくてしょうがなくなったから。

ぶんぶん（18歳・女性・大阪府）自

自分を好きになって自信をもちたい。自己肯定感を上げたい。「今のひと言、行動、相手を怒らせたかな？　嫌な思いにさせたかな？　どうすればよかったんだ、うわぁぁぁぁぁ！」とか、「あの子、私のこと見て笑ってるのかな？　もしかして悪口とかも言われてるのかな？」とか、自分に自信がなさすぎて常に気を張ってなきゃいけないし、ネガティブ思考になるし、つらい。もし願いが叶わないなら、この世から楽な方法で自分の存在を消してしまいたい。

大人になった私たちを、温かく迎え入れてほしい。大人って「最近の子はこれだから……」って若者たちのことを下に見ているイメージがあるから。正直怖いし、冷たいイメージがあるから。

ゆゆぽん（18歳・女性・和歌山県）自

自分がやりたい、なりたい、と思ったことを叶えるための努力ができる人になりたい。気持ちの問題だとか、やる気が足りないとか、そういうことを言えるのは、心が強くて結果が出るまで努力ができる人だと思う。それができるかできないかは個人差があって、ひとつの才能だと思う。

それだけでも理解してもらう世の中にしたいと思った時に、世の中を変えられるほどの努力ができる人になれれば、自分以外の同じ思いをもった人を救えると思った。ただ甘えてるだけの考えかもしれないけど、「願い」だからありなのでは、と。

何事も、優しさをもって考えてほしい。凝り固まった考えを捨てて、優しさだけで動いたら社会はもっと良くなると思う。どこかの会社のトップの人たちに忖度して働くとか、ちっぽけなプライドが邪魔をして目的を達成できないとか、ジェンダーについての理解が深まらないだとか……。まだ社会のことはよく知らないけど、そういうたいしたことない固定観念とかをもったまま生きている大人がいるから、純粋な若者が同じような大人になるのではないだろうか。

KM（18歳・女性・東京都）自

自分の好きなことを笑わないで。自分の好きなことを、否定したり笑われたりするのがすごく嫌。昔、テストで「絵を描いて題名もつけろ」というものがあったのですが、回収の時に見られて笑われました。おかしな絵は描いていないのに、それがとても悲しかったです。そこから私は絵を描くのに苦手意識をもちました。

他にも、アニメとか漫画とかが自分は好きなんですけど、それを否定されたりしたこともありました。

どうして笑うんだろう、否定するんだろう。今でこそ寛容になってきてますが、それでも白い目で見られることはあります。だから私は願います、自分の好きなものを笑わないでください。

同性婚を認めて。日本は遅れすぎてる気がします。他の国ではだんだんと同性婚を認めていっているのに、どうして日本では認めてくれないのでしょう。どうして少数の国会の人たちは同性カップルの方を否定するようなもの言いをしたのでしょうか。同性カップルの方たちの気持ちを考えたことはあるのでしょうか。

同性カップルでも異性カップルでも、人間は人間なのだからいいんじゃないんですか？　それとも、性別で判断するんですか？　中身ではなく、性別と見た目で判断するんですか？　それがすごく疑問です。正直、今の日本は同性婚の問題以外でも生きづらい国だと思います。自分はそれがしんどいです。

ねこもふ（18歳・無回答・大阪府）自 ジ

知識を有効に使って新しいことを考える力がほしい。大学に入ってから、自分で考える必要性を痛感した。小中高校ではテストで点数を取るための勉強を推奨されていたのに、実際、大学では入るために勉強したことがあまり生かせず、もどかしさを感じている。もっと早くに思考力を鍛えておくべきだったと思ったが、その方法さえ今まで教えてもらっていなかった。

大学を入試難易度で判断しないでほしい。僕の父は決して勉強ができる人ではなかったけれど、会社からたまにかかってくる電話の内容を聞いて、少なくとも立派な人であることはわかった。思考力を重視することをうたっていた共通テストも、結局受験生がやることは何も変わっていない。なかには行ける大学の偏差値を上げるために、好きな理系を諦めて、数学重視の文系を受ける人もいた。入試戦争で才能を捨てる様子を間近に見て、大学のブランドを重視する社会に憤りを感じる。

コタロウ（18歳・男性・富山県）自

何かに挑戦しようとしている人を止めたり、無理だろうと言ったり……。たとえ本人が困ったり、苦しい思いをすることがわかっていたとしても、やりたいことをやらせてほしい。無責任でいいから、ただひと言「がんばれ」とだけ言ってほしい。

かのこ（16歳・女性・埼玉県）自

テストの成績が悪かったり、忘れ物をしたり何かを失敗すると「自分はなんてダメなやつなんだ」と自分に自信がなくなります。

それじゃ良くないと思い、周りと比べることをやめて、毎日少しずつ自分のことを褒めたり、失敗してもこのくらい大丈夫だと思うようにしたりしました。それでも心のどこかで自分をダメなやつ、使えないやつ、誰からも必要とされない、と思ってしまいます。

嫌われたくなくて自分の本音を言うのが怖くなり、本音を言おうとすると涙が出るようになりました。本気で信じられて、私の味方だと思える人が誰もいません。家族仲もいいし、仲のいい友だちもいます。それでも、心のなかで私のことを嫌いなのかもしれない、面倒くさいことを言ってしまった、と相手のことを信じられてないし、信じられない自分が悪い、とまた自信がなくなります。

私のなかでは味方はいなくて、つらい時の拠り所がなくて、ひとりでしんどくなってる時があります。少しの失敗で凹んだりしたくない。不安に押しつぶされそうでも私なら大丈夫と言えるようになりたい。どうせなら楽しく生きたい。だから私は自分に自信をもって生きられるようになりたいです。

しのはら（17歳・女性・宮崎県）自

AIみたいな不動の心をもちたい。誰かに言われた何気ないひと言で感情を左右されたくないから。

そのことで泣いたり、悩んだりしてしまうこと自体が嫌なので動じなくなりたい。

　そして、周りの人には、個性を受け入れてほしい。私は高校生ですが、お化粧をしていません。理由はまだ早いと思っているからですが、周りの人たちは「したほうがいい」「しないのはおかしい」と意見を押し付けてきます。それに流されることはないのですが、何回もその価値観を押し付けられてしまうとその人自体と関わることが嫌になってしまうので、理由を話したら「そうなんだ」と受け入れてほしい。たとえみなと違っても、それも個性だと。

かのこ（16歳・女性・埼玉県）自

　やっぱり今の時代、SNSでの悩みや悲しみが尽きなくて、TikTokを見れば容姿に関して（体型や、骨格診断、パーソナルカラー診断、etc.）や最近話題の「MBTI診断（※）」などで「自分ってこうなんだ」「ダメな人間だ」と思う機会が多くなってきました。こういった診断をポジティブにいいように生かせたらいいのですが、私自身ネガティブなので、悪いように悪いように考えてしまいます。毎日息苦しくて仕方がないです。

　学校に行きながら、バイトを2つ掛け持ちして、資格の勉強をして、休憩だと思ってSNSを開くと休憩どころか傷ついてしまいます。もうそれは、しょうがないことだというのはわかってるつもりではいます。自分が変わるしかないというのもわかっています。なので、もっとポジティブなマインドをもつ方法や、人と比べてしまって落ち込んでしまった時の対処法などを知りたいです。

　もっと生きやすい世の中になってほしいです。私たちは周りの大人を見て育つし、SNSが普及している現代では周りの大人の数が昔とは段違いだと思っています。例えば、Twitterで政治的な発言を誰かがしていると、そこのリプライには、賛否両論分かれた意見が飛び交います、そこには、やっぱり語気強めなことを言ってる人もたくさんいるし、そういう人が言ってることを見て「あぁ、私ってこれに当てはまるな、私ってダメな人間なのかな」って思い込んでしまいます。

もちろんすべてを周りの大人のせいにするわけではないけど、もう少し柔らかく生きられないものなのかなぁ、と思ってしまいます。「これだから若い人は」って言っているのに、「ほら、若いんだから動け」って都合のいい時だけ言われるのはさすがに悲しいなぁ、もう少し若い人の考えも尊重してほしいなぁ、と思います。

ゆうは（17歳・女性・佐賀県）自

※MBTI診断　マイヤーズ＝ブリッグス・タイプ診断（Myers Briggs Type Indicator）の略称。自分の心を理解するための座標軸として用いることを目的とする。「ものの見方」「判断のし方」「興味関心の方向」「外界への接し方」の4つの指標で表され、それをもとに、性格を16のタイプに分類する診断法。

☆

私は、高校1年生の時に拒食症になりました。周りに細い子が多く、そのスタイルの良さに憧れを抱いていました。また、SNSなどには「ダイエットのやり方」「○kgの1日の食事」など「痩せ」についてのさまざまな投稿がありました。そこから痩せていることが「美」なんだと勝手に解釈し、軽い気持ちでダイエットをはじめました。体重が減っていくことが嬉しくダイエットをやめられなくなりました。次第に食べることが怖くなっていきました。そして、最終的には死ぬ直前の体重にまで落ちてしまいました。

発症してから約2年、治療は良好な方向へと進んでいます。しかし、体調が悪い時には食べるのが怖くなったり、食べものを買う時には裏の成分表示やカロリーを見てしまったりします。一般的に拒食症などの摂食障害は治る病気であると言われています。

でも私は、体重が戻り普通の生活が送れるようになった今でも症状と戦っています。だから、この病気は一生うまく付き合っていくしかないのだと思っています。

食べることは楽しいこと、ダイエットは健康になるために行うことです。決して美しさのために行うものではありません。SNSなどではたくさんのダイエットの情報が投稿されています。自分に本当に必要な情報であるのか。この行動によって今後の人生を苦しめるひとつの要因にならないか。しっかりと自分で考え吟味して行動してほしいです。ひとつの判断が今後の人生を左右すると思います。そして、ひとりでもこの病気で苦しむ人が少なくなっていってくれたら嬉しいです。だから、「痩せ」＝「美」であるという概念をなくしてほしいです。

私の周りにはさまざまな人がいます。例えば、いつも笑っている人や、思いやりをもっている人です。しかし、なかには自分勝手だったり、自分のことしか考えられなかったりする人もいます。もちろん個性をもつことは大切だと思います。なぜなら現代の社会では、人と違った一面を出すことを求められているからです。

しかし、それは出していい個性なのでしょうか？私は個性だからと言ってすべてを出していくのは危険だと思います。例えば、自分勝手な人が周りの人を奴隷のようにして使っていたとします。それは、周りの人のことを傷つけている行為であると思います。果たして周りの人の心を壊していく個性というものは存在していいのでしょうか。もちろん内面に存在してはいいと思いますが、それを表に出すのは違うと思います。自分勝手な人はもしかしたら自分でその個性に気づいていないのかもしれません。でも、周りから指摘したり、やめてほしいと発したりするのは難しいと思います。

だから、自分が言葉を発する時、行動をする時に少し考えてみてほしいです。自分の行動や言葉は周りを傷つけてないのかを。一人ひとりが意識することで、だいぶ変わってくると思います。周りのことを考えることができる人が増え、みんながいい個性をもち、個々が大切な存在であるという考えをもつ社会にしていきたいです。

みく（17歳・女性・広島県）自

私は、生粋のネガティブ思考で自己肯定感も存在していません。急に理由もなく不安になって死にたくなったり、ちょっと仕事でミスをしたりすると自分はなんて仕事ができないんだろう、生きてる意味があるのかと自己嫌悪になったり、すぐに自分のせいだと責めてしまいます。

死にたいというか、跡形もなく煙のように消えてしまいたいと思ってもそんなことできなくて、じゃあ死んでしまおうかと動いてみるけど実際に死ぬ勇気なんてなくて、でもこの先何十年と生きていける自信もなくて、全部が全部中途半端な自分が大嫌いです。

しかもテレビやSNSでもネガティブなニュースや、この先日本で穏やかに暮らせるのか？　みたいなニュースばかり目に入ってしまって、より不安になって、生きることが嫌になります。

朝がくるのが怖くて、夜遅く夜明け近くまで起きて、寝て起きて朝日を見て絶望して、また夜眠れなくての繰り返しで、そこで自分は駄目な人間だと自己嫌悪になっての繰り返しです。

だから、もし願いが叶うのであれば、意味もなく不安に駆られたり、自分を責めて苦しくなったり、朝日を見て絶望したりせず、極々平凡に心穏やかに平和に生きたいです。

のんたん（18歳・女性・長野県）自

私は、家族や信頼している友だちでも「これを言ったら嫌われちゃうかな」「グチを言いたいけど、聞いてるほうは楽しくないよな」「今つらいけれど変に心配されたくないな」などと考えて、あまり本心が言えないので、私のそんな黒い部分も知ったうえで尊重してくれるような友だちがほしいです。

それと、よく「大人になって社会に出たら通用しないぞ」と言う先生がいるのですが、そもそも大人と子ども、社会と学校生活はどこが違うのかを教えてほしいです。

また、成人が18歳になったけれど、20歳の時と比べ心の成長も2年早くなるのか（成人という心づもりが早くできるのか）も教えてほしいです。

豆大福（13歳・女性・埼玉県）自 学

自分の思いを素直に表現できるようになりたい。「どうせ誰も僕の意見に賛成してくれない」「けなされる」「親が悲しむ」。何か自分が好きなことをしようとするたびに、そんな言葉が頭に充満して何もできません。もし叶うなら、自分の思いに正直になりたい。これが好き、こんなことをしたい。それは嫌だ。正直に生きられたら、どれほど楽になれるのでしょうか。

それと、好きなことについて話した時に、賛成的な意見をもらえた記憶がありません。「私は嫌い」「変だね」「そんなの見てるの？」。おかげで好きなことについて話すのが怖くなってしまいました。だから せめて、僕の前では言わないでほしいんです。僕は、あなたが嫌いでもそれが好きなんです。

でかもふ（16歳・無回答・福島県）自

もし、あの時こうしてたら、ってことばかりで過ごしたくないから、すぐに否定する考えばかりが浮かんで何もできていない。自信のもち方とかをググっても自信はつかないし、なんか友だちのつくり方とか信頼とかわからなくなっちゃったし、迷子です。いつからこんなに人のこと気にするようになったのとか、過去のことばかり考えていることがあるし、自分の言葉が相手を傷つけていないか不安になるし、相手に届いてるのか信じきれなくてつらい。

楽しい時もあるし、気にしてない時もあるけど、たまに気になる。馬鹿にしてるって感じるのは自分の主観になってしまうかもしれないけど、ただ些細なことも真剣に聞いてくれる、考えてくれる存在が周りにいてくれたら嬉しい。

チャロ（17歳・女性・埼玉県）自声

ずっと生きたい。終わりがわかっていると、人生がカウントダウンのように感じてしまうから。

ずっと楽しいことをしていたい。バカバカしいかもしれないけど、人はいつか死ぬという言葉が受け入れられないいし、信じられない。

ややや（18歳・女性・神奈川県）自

私は、高校でできた友だちの前では自分の素の姿ではなく、仮面をつけた状態での自分の姿しか見せたことがありません。自分の素の姿での状態を見せてしまうと、嫌われてしまいそうで怖いです。だから、もっと仮面が取れるような自分になりたいと願います。

そして、保健室に通う生徒への偏見などをなくしてほしいです。自分は中学の時にはよく保健室に行ったりしていたのですが、高校では先生たちが保健室に行かないようにとよく言ってきます。私にとって保健室は相談しやすい環境であり、自分を落ち着かせる場所だったのに、行くなと言われれば自分に居場所がないと思ってしまいます。そして気軽に相談できるような環境がなくなってしまいます。ですので、もっと保健室にも行きやすいような環境がほしいです。

名無しのMニード（15歳・女性・三重県）自学

私自身、孤独を感じることが多いです。孤独を感じることでストレスになったり、必要以上の不安を感じたりします。孤独によるストレスで、イライラすることが多く、それを抑えようとすることで余計にストレスになるという悪循環をたどっています。

孤独感による不安は自分がこれで合っているのか、周りとうまくやれているだろうかなど、自信のなさにつながり、さらに自己肯定感の低下にもつながっているように思えます。

これは私だけでなく、他の同世代の人たちにも言えることだと思います。もし、孤独を感じることなく生活することができたなら、無駄にストレスを溜め込むこともないし、自己肯定感を下げることにもなりません。さらには、今よりももっと生活の質が上がるし、学生として勉強にも身が入るようになると思ったからです。

そして、本気でぶつかり合えない社会こそが若者の孤独感を招いていると思うからです。本気でぶつかり合うことができたなら、その相手の信念を知ることができ、表面上の会話ではなく、心と心でつながることができると思います。それだけでなく自分と同じ境遇の人を見つけ、ひとりじゃないと感じることができ、不安に対する安心材料となります。

でも、今の社会は本気でぶつかり合いにくい社会だと感じています。SNSが普及したことで、言動で他人を傷つけないように教育されます。他人を傷つけないことはもちろん大事ですが、傷つけまいとするあまり、本当に言いたいことは言えず、液晶の文字だけの希薄なつながりになっていると思います。

人間としての感情の喜怒哀楽の〝怒〟だけが制限されているような気さえします。だからこそ、本当に言いたいことを話すことができ、それを誰かと共有できるような、本気でぶつかり合える社会の構築が必要だと思います。

ナンシー（17歳・女性・青森県）自学

自分にアイデンティティがないのが悩みで、楽器をしばらくやっているけど、自分より上手な人がいて、自分じゃなきゃいけない理由がない。頭がいいってわけでもないし、顔だってそんなにいいわけじゃない。絵だってしばらく描いていて、周りよりちょっとうまいかもだけど、もっとうまい子がいる。君じゃないとダメっていう、必要とされる理由がほしい。

「へーすごいね」じゃなくて、「すごいじゃん！　がんばったね！」って認めてほしい。「じゃあ、もっとできるよね」じゃなくて、「ちょっと休む？　どうする？」みたいな選択肢がほしい。そうすべき理由が相手にないのも確かだけど、もう少しでいいから興味をもってほしい。

りつ（13歳・女性・香川県）自声

たくさんのお金がほしいとか、有名になりたいとかはなくて、友だちとかと楽しく暮らしたい。そのための知恵や人脈をつくりたい。お金持ちになっても多分無駄使いのレベルで終わるし、有名になってもそんな自分を維持できなそう。また、そうしたことは誰にもできることではない。

しかし、日常的な楽しさを追求することは難しいかもしれないけど、一人ひとりの意識の改革でできることなのではないでしょうか。同じ中学の人たちのSNSとかを見ていると、多くの人が他人の意見を気にしすぎていると思う。だからそういう枠に入らないで楽しくありたいと思う。

やまと（14歳・男性・島根県）自学

人に言えないつらさに気づいてほしい。学校生活、部活などでつらいことがあっても周りの雰囲気的に言えそうにない。親がわりと厳しいのでなおさらそうなってしまう。つらい気持ちも、悲しい気持ちも、周りは誰も考えてくれないから、いつかひとりでもいいから気づいてほしい。

それと、自分の身近な人と自分を比較しないでほしい。完璧を押し付けないでほしい。私には姉がいる。姉は頭が良くて、運動もできて、性格も良く、私は頭が悪く、運動はあまりできず、性格も悪い……。姉と正反対な人間だ。学校などで、姉のことをよく知っている人から、「お姉さんはできるのに」「お姉さんができるから」と、いつも言われる。姉とは違う人間なのだから、できる、できないは人それぞれだ。よくできた人と落ちぶれた自分を比較しないでほしい。比較されている身の心にも気づいてほしい。

奏。（13歳・女性・東京都）自 声

自分の気持ちに正直に生きられるようになりたい。いじめられないように、はぶかれないようにと周りの顔色をうかがって今まで生きてきました。でもそのうち、自分が今何をしたいか、何を思っているのかがわからなくなってしまいました。

高校に入った今も、周りの顔色をうかがい続け、あまり正直になれません。ストレスも溜まり、お先真っ暗な状態なので、正直に生きられたらなと思いました。

ゆう（15歳・無回答・埼玉県）自

身体的な暴力、性的な暴力、精神的な暴力がない世界であってほしい。最近はとくに心ない言動などがネット上やリアルで飛び交っていて、自分もその言動や行動による傷にずっと引きずられてきたから、そんな人たちをこれ以上増やしたくない。

そして、夢を、心を壊さないでほしい。周りからの目を気にして意見や夢を誰にも言えなかった。そしたら自分がわからなくなった。すべて否定的に捉える人間になってしまった。誰のことも信じられなくなってしまった。心はどんどん壊れていって、自傷行為も止められなくなった。「普通」「当たり前」、多数派に縛られる社会が息苦しくてつらい。家庭環境も性別も人間関係でも差別や偏見のない個性溢れる社会になってほしい。

黒薔薇（15歳・女性・北海道）自

若者だからこれができて当たり前、と思わないでほしい。高校で授業やレポートは、タブレット端末を使用することになっていて、学校でパソコンの設定をした時に、話の内容が理解できないまま進んでいき、少し困ってしまいました。あまり触ったことがなかった私からしたら、一から教えてほしかったです。若者だから、使い方ややり方が当たり前にできると勝手に思わないでほしいです。

ダイヤモンド（15歳・女性・埼玉県）自

大人の価値観を子どもに押し付けないでほしい。昔はこうだったからこうしないとダメ、普通そうでしょ、これが常識だよ、というようなことを言われたり、そういう雰囲気になったりした時に、いつも空気を読んでこれが常識なんだと思い込んでいい子をやってきた。大人はいい子が好きだから。

いい子をやらないと怒られる。嫌われる。でも親、先生、祖父母が好きだから悲しませたくない。いい子であり続けなければ面倒くさいことになる。いい子であるほうが得だし利用価値があっていいと思って生きてきた。今もそう思うし、世の中いい子であるほうが得だと思う。でも、それって本来の私なのかな？　本来の自分ってなんだろう？　自分のやりたいことってなんだろう？　時々自分がわからなくなる。

弟が3歳ぐらいになってから今の11歳まで、ずっと物を投げたり暴言を吐いたりしている。これは絶対に大人が学校に行け、勉強しろ、これしちゃダメ、と言われたり、姉弟ゲンカをしたらネチネチネチネチと小言を言われたり、ストレスを感じていたからだと思う。こうやって大人がいい子に育てようと強制的にするから、子どもが生きにくくなるんだ。

多少強制的なものは場合によっては必要だと思う。でも大切なのは自分がやりたいものをやりたい時にできる環境があることだと思う。大人に縛られてはいけない。誰にでもやりたいことは否定してほしくない。ただ悪気はなくて子どものためだと思って、強制させ続ける大人は子どもを愛していない。そういう大人が一番子どもを傷つけている。

結局自分のやりたいことを極めることで自分が成長できるのだから、大人はやりたいことをやってる子どもを見守って、子どもがつらくなったら手を差し伸べれば子どものためになると思う。

ななみ（16歳・女性・新潟県）自

誰もが自分を愛して生きていけるようになる……。「自分なんか生まれてこなければよかったのに」「自分が生きている意味はない」「自分ががんばったって、どうせだめだ」という思いがなくなって、誰もが自分の命を自分のために生きることができるようになってほしい。

自分も毎日死にたいと思っていた時期があったのですが、身の回りでも似たような思い（なんで生きているんだろう？）を抱えた人や、また命を軽視したような言葉を耳にします。なぜそのような人が増えているのかとずっと考えてきて、見えてきたひとつの答えは、心に何かを抱えて生きづらさを感じている人たちは、自分自身を愛せていないということです。

私は幸いなことに家族や学校の先生方、友だちをはじめとするたくさんの人たちに愛を与えてもらって、自分を愛することを知りました。しかし、自分に向けられている愛に気づけていない人、自分の愛し方がわからない人がたくさんいるのが現実です。私は未熟で、そういった人たちに十分な愛を注いであげることができないので、せめて心から願います。すべての人に愛が届くように。

だから、まず大人のみなさんが生き生きと生きてほしい。笑顔で生きてほしい。子どもや若者をどうこうしようと思う前に、まずご自身と向き合ってください。親がイライラしていると不安になるし、先生の機嫌が悪いとやる気がなくなってしまう。

私の家では、自分も妹も含め常に母の機嫌をうかがっています。母がつらそうな顔をしていたり、怒っていたりすると自分が悪いことをしたのではないかと思ってしまいます。それを当たり前に過ごしてきましたが、ある日、母がめずらしく友だちと出掛けていって、自由に楽しそうに過ごしている姿を見た時、とっても安心できて、「私もお母さんみたいに自由にしていいんだ」と感じました。

子どもは、大人のみなさんが思っている以上に大人の負のオーラに敏感です。だからといって常にポジティブでいるのは無理だと思うので、大人のみなさんも好きなことをしてリフレッシュしたらいいと思います。そんなふうに心に余裕がある大人の元にいると私たち子ども、若者も安心してのびのびと生きることができます。

かえる（17歳・女性・山口県）自

もっと個性を認めてほしい。最近は多様性とかの言葉が急激に浸透してきた感じはあるけど、まだまだ苦しい、生きづらいと思うことがある。

とくに日本で多い、見た目至上主義というか、太ってたら負けで、痩せてる子は勝ちとかいう雰囲気がつらい。

　直接嫌なことを言われたことはないけど、そういう話を聞くたびに自分まで傷つく。私は平均より太っているほうだし、足も太い。そういう私がミニスカートとかはいてると、やっぱり周りの目が気になる。太ってても、痩せてても、誰もが好きなファッションで、好きなメイクで堂々と周りの目なんか気にせず、街なかを歩けるようになればなと思う。


くろまにょんじん（17歳・女性・東京都）自

　一人ひとりにラベルを貼らないでほしい。客観的に見ても私は明るい性格で、ムードメーカー的な存在なのですが、中学3年生の時に一番信頼していた友だちから、ある日を境に無視されるようになり、人間不信になりました。

　でも、明るい性格だというレッテルを貼られていたので、しんみりした話になると「君らしくないよ」「そんな話しないの！」なんて軽くあしらわれてきました。人間は一人ひとり違います。考え方もひとつではありません。意外なことでも耳を傾けてほしいです。


シンタゴン（18歳・女性・埼玉県）自 声

　みんなが意見をもっと言いやすい世の中にしてほしい。失敗に寛容な社会になってほしい。失敗しても何度も挑戦できる社会になってほしい。意見を言う時に「自分の意見はおかしいんじゃないかな」とか悩まなくて済むから。どんな突拍子もない意見も気軽に言えるようになれば、社会は面白くなっていくと思う。

　何かに挑戦する時に「失敗したら叩かれそうだな」とか「失敗したら馬鹿にされそうだな」とか思わなくていいようになったら、いろんなことにチャレンジできて自分をもっと成長させることができると思うから。一度失敗しても「以前、失敗したことあるじゃん」って言ってまたチャレンジすることを否定しないでほしい。

わろし（18歳・男性・東京都） 自

人が好きだと思っているものだけで、友だちになりたくないとか、一緒になりたくないとか思わないでほしいな。私は、カエルや、カナヘビちゃんなどの両生類系や爬虫類が好きなのに、それだけでいじめられたりしたことがあったから。

ポメkマイク（12歳・女性・福岡県） 自 い

　小さい頃から外面は良かったんです。みんなには優しく接して、当たり障《さわ》りないように気をつけて過ごしてきました。でも、だんだんそれに違和感を覚えるようになってきました。学校でも、友だちといる時でも、自分事として捉えられなくなっていく感覚が大きくなってきました。まるでアニメを見ているかのような、そんな感覚です。

　勉強も人よりできるようにがんばってしまって、だんだん苦手になっているはずなのに「なんでもできる子」のレッテルがはがれなくて、みんなの期待を裏切りたくなくて、でも自分はできなくて。そんな自分が嫌で、嫌で仕方ありません。

　中学では学級委員を3年間務めました。それも、「できる子」のレッテルによるみんなの推薦です。裏切りたくなくてやりました。家でも「できる子」だと親に思われているため、成績は良くなければいけません。いつしか家の中でも「できる子」の仮面をかぶっています。

　本当の自分が、素の自分がわかりません。どこかに行ってしまいました。だから、「できる子」をやめることができたら私の「素」は戻ってくるのではないか、つらいのを溜め込むための「自分」も捨てられるのではないか、と思います。

今まで誰にも言えませんでした。もう既に「自分」がどれなのかわからなくなっていますが、これ以上続くとさすがにもたない気がしています。助けてください。

「あなたはできるから」「信頼してるよ。任せる」そのひと言を言わないでほしい。今まで学校で散々言われてきたこの言葉。言われるたびに期待を裏切れないという思いが強くなり、「できない」のひと言を言えなくなってしまうから、軽い気持ちで言わないでほしい。私には重荷にしかならない。

クルミ。（17歳・女性・秋田県）自

褒められたい。親も先生も塾でもトップになれば褒めてくれる。けど、どんなにがんばってもなれない。結果だけじゃなくて小さなことも褒めてほしい。

ハリネズミ（13歳・女性・神奈川県）自

自分に芯をもって、なりたいものややりたいことを誰かに制限されることなく思い切り取り組めること。もし挫折した時、自分自身も周りも「まあ、そんなこともあるよね、次またチャレンジしてみよう」と前向きに捉えられるようになること。

コロナ禍になって、失業者が増えて、親はみんな「うちの子がそういう職業につかないようにいい大学を出さなきゃ、勉強させなきゃ」と焦っていると思う。中高生は思春期で自分のなかで悩むことも多い。そこでさらに親の理想（？）を押し付けられるとつらい。小学校の時に比べて親はネガティブ発言が多くて「もっとできる」と言う。私だってちゃんと考えてるし努力してるよ！　と思う。高3まで親には内緒ですが、今は親友と一緒に東大を目指しています。受けてもいいよ（許可制？　笑）と言ってもらえるように頑張ります。

ＳＡ（16歳・女性・東京都）自

私は焦ると、なんで焦っているかも言わず、犬のように「はっはっはっはっ」という息が続いてしまいます。最近は、この呼吸が混じりながらもちゃんと伝えることが、すこーしだけできています。私の願いは完全にこれを治したいです。両親に迷惑をかけたくないから。

とりねこ（10歳・女性・東京都）自

自分のキャラクターや建前の性格で自分の気持ちを制御することをやめる。明るい人はずっと明るく生きていったり、暗い人はずっと暗く生きていかなきゃいけないわけじゃない。自分の生きたい雰囲気で、自分の生きたい性格で生きていくことができたらなとよく思うことがあるから。

自分の夢を大きな声で宣言できて、挑戦できる世の中になってほしい。子どもの夢を大人の「なれるわけがない」で封じ込めて、大人の夢を「笑」でなくす。そんな世の中を変えて、自分がやりたいことをやったり、なくても挑戦ができたりするような環境になれば、もっともっと「楽しい」や、「幸せ」が溢れる世の中になると思います。

羊さん（12歳・女性・北海道）自

つらい理由よりも、つらかったことに寄り添ってくれる人に出会うことです。

私は最近理由がわからないけれど死にたいと思ってしまうことがあります。でも、思い当たる理由が考えても思いつかず、もやもやした気持ちになります。友だちにも家族にも恵まれているのに何が自分をそうさせているのかわかりません。家族や先生、友だちに相談すれば状況が変わったり、理由がわかったりするのかもしれません。ですが相談したら「なんでそう思ってしまうの？」と理由を聞かれると思います。私はその質問に答えることができません。なので、相談しても状況が変わるのかと疑ってしまいます。

私と違う理由だとしても、誰にも相談できずに悩んでいる人がいると思います。そういう人たちの気持ちを受け止めるというだけで、救われる人は増えるのではないかなと私は思います。私も解決しようとしてくれる人よりも寄り添ってくれる人に相談したいと思います。だから、願いが叶うなら、私は私の気持ちに少しでも寄り添ってくれるような人に会ってみたいと思います。

ちぃ（13歳・女性・東京都）自 声

誰でもいいから話を聞いてほしい。自分ではSOSを出しているつもりでも気がついてもらえなくて、自分ひとりで抱え込んでしまう。

僕の悩みを聞いて、一緒に考えてほしい。悩みを聞いてくれることはあっても、僕の悩みに対する解決策を出してくれない。

Akatsuki（13歳・アセクシャル・福井県）自 声

子どもの心に簡単に踏み入らないでほしい。大人の価値観で私たちの気持ちを決めつけないで、わかろうとしてほしいから。聞くだけ聞いて、人の心を踏み荒らして去っていくくらいなら、はじめから近づかないでほしい。

かなこ（13歳・女性・東京都）自

なぜかわからないけど、大人になりたくないと思ってしまう。自分が大人になった時にも子どもからそう思われてしまうのかな、と考えると少し嫌な気分になる。もっと大人や社会が好きになる経験がしたい。

トマト缶（14歳・女性・大阪府）自

やりたいことが見つかること。今やりたいことがなく、悩んで毎日過ごしてます。どうしたら、やりたいことが見つかるのか、教えてほしいです。やりたいことが見つからずに生きている大人は多くないのですか？　教えてください。

くろねこ（15歳・男性・千葉県）自 進

ウジウジと悩まない心の強さがほしい。何か失敗をした時、どうしてこんなことをしたんだろうと自分に絶望したくなる。失敗は大きいものも小さいものもつい引きずってしまい、深夜の反省会ｉｎベッドを行うし、最終的に自分の過去の失敗を思い出して自分で自分に罵詈雑言を浴びせている。

また、何かをする時にいつも「みんなはどう思っているだろうか」「嫌われたらどうしよう」「上から目線だよね」「確実に嫌われるよね」と不安になる。自分の短所はいくらでも思いつくのに、長所はどうがんばっても出てこない。

そうして、やっと見つけた長所や得意分野も、結局大したことない、もっとすごい人はたくさんいると思うと泣き出したくなる。だから、そんな時に悩みを跳ね除けられる心の強さがほしい。

りんご（15歳・女性・東京都）自

自殺・自傷行為は悪という考えがなくなってほしい。死ぬしかなかったから勇気を出して死んだのに、それを何も知らない大人が「弱いから」とか「逃げだ」とか死んでしまった子のことを考えてないのがニュースで見たり聞いたりしてつらくなる。

私も死にたい、消えたいと思うことがいっぱいあるから、死にたいというこの気持ちや、死んでしまった子の気持ちもなんとなくわかるので、自分の人生をかけての行動なのに、それを「親不孝」だって言われたら、自分も周りの人もみんな嫌いになっちゃうと思うから。

死ぬしかないという状況をつくった周りの人も、周りの大人を頼れなくなってしまった環境もすべて周りのせいにしてしまって、そんな自分が嫌で、もっと死にたくなるし、心にも体にも傷が増えてしまうと思うから。

もし、そんな考えがなくなったら自傷行為が周りにバレた時に「気持ち悪い」「病みアピすんな」と思われることがなくなって、少しだけでも生きやすくなると思うから。

きゃべつ（15歳・女性・兵庫県）自

「普通」なんて言葉なければいい。個性を大事に、なんてきれいごと。そんなこと、子どもが言うなって思うかもしれないけど。家や学校などで自分らしくしていたら嫌われる。だから普通を演じる。苦しいです、言葉にできないぐらい。

そう（15歳・無回答・鹿児島県）自

視線恐怖症をもっと知ってほしい。周りに理解してほしい。

私は視線恐怖症に苦しめられてきた。親に相談しても理解されず、気にすることではない、って言われる。どうして……どうして助けてくれないの……。私がおかしいのだと自分ばかりを責める日々になり、もう疲れちゃった。周りに相談したくても理解されないと思い込んで相談できなくてつらい。気軽に相談できる環境がほしい。共感してほしい。

繊細な人（17歳・女性・滋賀県）自

もっと小さな世界で生きたいのかもしれない。常に努力できるようになりたい。世界からスマートフォンを消してほしいです。小さな市内であれば、私は何かで一番になれて、相応の努力でその一番を使って生きていけるかもしれない。でも、現代はSNSで世界80億人を知ることができ、何においても自分よりはるかに優れた人が存在するから、私の世界における価値をしっかり見出すことができない。

私は知ることに対して貪欲である。すべての学問に精通したいとも思っている。しかし、少し疲れてしまう。「知らないほうがいい」という言葉がよく物語や現実で用いられるが、それは大抵「いつかは知らなくてはならない」や「知ったほうがいい」の言い換えである。

例えば、私の好きな漫画の『約束のネバーランド』などでは、「知る」ことの肯定がテーマになる。もちろん私も知ることは非常に大切なことで、エキサイティングなことであることはわかっている。知ることをやめ、学ぶことをやめてしまえば、私は時間に置いていかれて生きていくことはできないのもわかっている。だが、もし世界の知識が今の100分の1しかなかったら、小さな地域社会同士がゆるくつながり合って存在している世界社会だったら、知らなければならないという焦燥感はこれほどのものではなかっただろう。

いい意味で「知らなくていい」社会に、人間社会が進化してほしい。これが「甘え」なことはわかっている。私は受験勉強計画表作成を放棄してなんとなくテレビをつけ、たまたま「MeWe（※）」を見て興味をもってスマートフォンを開き、惰性でサッカーワールドカップのデイハイライトを見ながらこれを書いていた。ただ、受験勉強のやる気の減退、推薦入試の手応えがなかった不安、周りの仲間たちががんばっている焦りから逃れたくて投稿をしようとしただけだった。何か勉強以外の意味のある時間としての今を過ごしてしまいたいという現実逃避からの投稿だ。

なので、私は努力を常にできるようになりたい。アンテナを張り、知ることを大切にしながらこれからも生きていきましょう。この時間に私はあらためて自分と向き合えたと思います。受験勉強がんばります。

もん（18歳・無回答・新潟県）自 学

※MeWe　アメリカのSNS。プライバシーを優先することから、広告やニュースフィードの機能がない。

勉強「だけ」で私を決めつけないでほしい。出身大学だけで就職に優劣がついたり、相手が思う印象が変わったり……。勉強ができない私は、これからの人生つらい道を歩んでいかないといけないのでしょうか……？　一人ひとりの「個性」は見てくれないのでしょうか？

はな（18歳・女性・東京都）自

アニメの女の子みたいに愛されたい。強くありたいし、弱くありたい。小さい頃、テレビのなかで戦う女の子たちに心を奪われました。強くてかっこい い。みんなから愛されてかわいい。でも弱さを認めてくれる仲間もいる。そんな女の子に私もなりたいです。

きゅーきゅきゅ（18歳・女性・宮城県）自

私は、私であることを認めたい。SNSがしんどい。(Instagramの）ストーリーズの機能がとくにしんどいです。私はこんなに暇してるのに、どうしてあの子はあんなに楽しそうなんだろうと考えてしまうと、しんどくなります。今、私がしていることは、私が選んでしていることだから、これでいいんだ、あの子も楽しそうだけど、私も十分楽しんでると思えるようになりたいです。

純ココア（18歳・女性・新潟県）自

みんなと同じように努力できて、周りから変な目で見られない声で、自分のことが好きになりたい。私はうまく言えないけど、宿題とかテスト勉強とか努力するのがすごく苦手で、やりたくないけどやらなくちゃなことはすごくよくわかっているけどできない。

もうひとつ、声が独特で普通にしゃべっている時は自分の声が気にならないけど、動画とかで私の顔から、口から独特な声が聞こえてくるのがすごく気持ち悪い。声のせいで「ぶりっ子っぽいね」って言われたり、私は普通にしゃべっているだけなのに「つくってるよね」って「わざとだよね」とか言われたりするのがつらい。

時々ものすごく病んで努力できない自分が、声が人と違う自分が、他にも他人と比較してダメダメな自分が嫌い。もっと周りに馴染める普通の子になりたかった。

ひなたぼっこ（18歳・女性・長野県）自

☆

人にハッキリものを言える人になりたかった。友だちが明らかに間違った行動をしてても笑って許してしまう。そんな自分にモヤモヤしてしまう。

ちりちり（18歳・女性・鹿児島県）自

★

基準と違うからといってなんでも否定するのをやめてほしい。私は小さい時から周りからズレてるとよく言われているし、それを受け入れない人もたくさん見てきた。

とくに国語の時間で考えをまとめる時、みなとは違った意見をもつことがよくあったが、それを言うと先生やクラスメイトに否定されて笑われることが多かったし、図工でもひとりだけ作品の系統が違っただけで「なんでみなと同じように描けないの？」と言われた。またみなと話してる時にひとりだけ違っただけで仲間外れにされたり、ひどい時は嫌がらせを受けたりした。

また、私は表情を使って一般的な表現ができないため、誤解を招くことも多く、そのことでたくさん非難されて以来、マスクがないと落ち着かないようになった。そのため、コロナ禍がたまに良かったと感じる。

なぜ日本は個性を統一しようとするのかわからない。LGBTQ（→P・116）をおかしいとか言ったり、障がい者をかわいそうと思ったりするなど、一般人と少し違うだけで批判しているのが不思議で仕方ない。私はLGBTQでも障がい者でもないが、周りとズレてることで生きにくく感じる時がある。早く自分の個性を活かしても生きやすい時代を迎えてほしい。

ちょっとズレてる人（18歳・女性・兵庫県） 自

☆

自分のことを好きになりたい。自分が嫌い。自分に自信がないから。

顔も、体も、声も、体質も、性格も、能力も人より劣っていると感じる。外に出ると街ゆく人々が輝いて見える。そして、自分の醜さに絶望する。いいな、うらやましいな、あの人はこんなこと思ったこともないんだろうな、って。

生まれ変わりたい。また一からやり直したい。どれだけブスでも、デブでも、怠け者でも持病があってもいいから、ただ強い心がほしかった。私は普通に生きたかっただけなのに。

それと、学校に行くことが当たり前、素晴らしいこと、いいことだって思わないでほしい。不登校の人たちに、集団生活に慣れないと社会に出た時にキツくなるよ、とか言ってる大人がいるけど、その大人が私たちの首を絞めてるって気づいてほしい。そんなの学校に行かなくたって身につけることができるし、みんなと仲良く、一緒にとか強要しないでほしい。

学校が楽しい場所だと思える人は苦じゃないかも

しれないけれど、学校に行くことや、外に出ることすら苦痛な人がいるのだと理解してほしいから。

たかゆ（15歳・無回答・北海道）自 不

考えを押し付けないでほしい。自分の考えや思いをもって言うことはとても大切だけれど、もっているのはあなただけではなくて私ももっているから。押し付けられたら、私の考えや思いが掻き消されそうになるし、言いたいと思っても言う権利を奪われるから。おしゃべりを通して相手を理解し、そのうえで発言してほしい。

いむ（18歳・無回答・神奈川県）自

嫌われない存在になりたい、愛されたいです。私は体型だけ見て避けられたり、変な噂から避けていったりする人が多く、私自身は何もしてないのに、嫌

う人が多いからです。

自分は本当にいろんなことですぐ悩んでしまうので、その悩みを少しでも聞いてくれる人がいてくれると安心します！　だから、どんなことでも、先生と話すと軽くなるから、できれば毎週1回は一緒に話したい。

パンダ（14歳・女性・北海道）自 学

鼎談

「スマホ日記 きょうの〝もやもや〟」から聴こえた「声」

野口紗代
（番組ディレクター）

又吉直樹
（お笑いコンビ「ピース」・作家）

岡本朋子
（プロジェクトクト チーフプロデューサー）

「君の声が聴きたい」プロジェクトの一環として、2023年に放送された「スマホ日記 きょうの〝もやもや〟（以下、スマホ日記）」。もやもやを抱える若者たちにスマートフォンで自分の声が入った動画を撮影してもらい、スタジオの又吉直樹さんと一緒にその声を聴いていくという企画で、放送後は多くの反響が寄せられました。今回は出演者の又吉直樹さん、チーフプロデューサーの岡本朋子さん、ディレクターの野口紗代さんの3名に、番組を振り返りながら、「声を聴く」ということの大切さについて話していただきました。

どんな芸術作品もかなわない「本当の言葉」がそこにあった

――又吉さんは「君の声が聴きたい」プロジェクトに対してどのような印象をもちましたか。

又吉直樹（以下、又吉）　そうですね、すごくいい試みだな、と思いました。自分の抱えている悩みを家族や友人に気軽に相談することができる人もいるだろうし、それはそれですごくいいことだと思うのですが、一方で、相談ができないっていう人も一定数いると思うんですね。僕も、どちらかというと、相談できないほうなんです。ただ、僕はそれらの気持ちを、小説やエッセイ、漫才やコントなんかにすることでなんとか昇華できているようなところもあって。「君の声が聴きたい」は、若い人たちにとって、そういう何かしらの役割を担えるようなものになっているのではないかな、と思いました。

――「スマホ日記」で、若者たちから寄せられる声に触れて感じたことはありましたか。

又吉 日々、いろいろな文学作品や映像作品、漫画や音楽などを介してさまざまな言葉に触れる機会がありますが、今回聴いた「声」は、それらのどれもかなわないほどの「本当の言葉」で、どの作品にも表現できないくらいの「生々しさ」があるな、と感じました。僕がいつも受け取っている言葉に比べると明らかに異質なもので、でもこれこそが本当のリアルなんやろうな、って。それだけに、すごく響くものがあったし、どうしても感情移入してしまうところがあって。しんどいなぁ、苦しいなぁ……と思いながら聴いていました。

――その苦しい声に対して、ご自身の言葉でコメントするというのはなかなか大変だったと思うのですが。

又吉 そうですね……。番組のなかでは、みなさん一人ひとりが丁寧に、ささやくように本当の声を届けてくださっていたので、それに対して僕も、大人の立場からというのではなくて、すぐ隣にいる感じで、「この人とふたりでいる時にこの話を聴いたとしたら、自分はいったいなんて答えるやろう?」っていうのを意識して答えるようにしました。

自分の苦しみの大きさを他の何かと比べる必要はない

又吉　僕自身、なんで悩みを人に相談したくないんかな？　って考えてみたんですけど、悩みごとって、世の中で起きている大きな問題と比較されたりするじゃないですか。例えば僕が今しんどいと思っていることに対して、「もっと大変な人もおるんやぞ」とか、「今、世界ではこんなに深刻なことが起きているんだ」とか、「とにかくがんばれ」とか、「まずは体を鍛えろ」とか、そういうこと言ってくる人、たくさんいるじゃないですか。そういうことを何度も言われるうちに、「ああ、人に話しても無駄なんやな」「この自分の苦しみは自分で抱え続けるしかないんや」っていうふうに、諦めてしまうんです。そういうわけで、僕自身はあんまり人に相談できないんですけど、自分が誰かに相談された時には、絶対に「そっち側」には回りたくない、って思うんですよ。社会全体で考えた時にみんなが関心を寄せる大きな問題みたいなものがあった時に、それ以外の痛みが矮小化されてしまったら、世界で一番しんどい人しか「しんどい」って言っちゃいけないことになる。それは絶対におかしいことです。個人が抱えている悩みや苦しみみたいなものを、他と比べたり、軽んじることなく向き合う存在が、誰にでもいるべきやと思うんです。僕は日常的に若い人と関わる機会はあまりないんですが、だからこそ、こういう機会があった時には、ゆっくりと時間をかけて、全力で話を聞きたいな、と思っています。

――又吉さんをキャスティングされるまでには、どういう経緯があったのでしょうか。

野口紗代（以下、野口）　番組に出演していただく方は、大人目線でのアドバイスをする方ではなくて、ある意味「一緒にもやもやしてくれる人」がいいね、という話をしていました。答えを出す、解決を目指すというのは、若い人からするとお説教のように聞こえてしまうこともあると思うんですが、そうではなくて、あくまでもその子の話をちゃんと聴いて、受け止めてくれる人がいいなと思っていて。又吉さんは、番組が大切にしていることをちゃんと受け取ってくださって、若い人たちの声をしっかりと聴いてくださる方だと思ったので、出演をお願いすることにしました。

――番組内で、「声」に対する又吉さんの受け答えを見ていて、感じることはありましたか？

岡本朋子（以下、岡本）　さっきも話に出ましたが、やっぱり大人は「声」に対して「正解を教えてあげなきゃいけない」って思いがちですよね。「ああしたらいいよ」「こうしてみたら」って言ってしまいがちなんですけど、又吉さんはそうではなく、「声」そのものをちゃんと受け止めてくださるんだな、と思いながら拝見していました。それってすごく大切だけど、すごく難しいことだと思っていて。だからさっき、又吉さんご自身も悩みごとを人に相談して絶望した過去があったというお話を聞いて、すごく納得がいきました。

又吉　答えをもっているすごく聡明な大人、っていうのもたくさんいると思うんです。そういう人に相談して、「それはこうだよ」って答えを与えられて、「なるほどなぁ」って解決するケースもいっぱいあると思う。でも僕なんかは、相談して「それはこうだよ」って言われた時に、「いや、それはわかってんねん、理屈はわかってるけど、理屈通りに、説明書通りにやってみても解決せえへんねん、もやもやが晴れへんねん」って思ってしまう。正解ってわりとすぐにたどりつけるんですよ、自分で調べても。でも、多くの人が正解やと思っていることが自分にとって正解じゃなかった場合にどうするか、というのはまた違う話やな、というか。そういうもやもやを晴らすためには、きっとすごく時間がかかると思う。でも、たとえ解決できなくても、なんとなくそのことを今日は人に話せたとか、そうしたらそれだけでちょっと楽になったとか、そういうこともすごく大切やと思うんですよね。

――又吉さんは、不思議と「大人！」っていう感じがしないところがありますね。

又吉　そうですね……。まぁ、今43歳なんで、大人は大人なんですけど……（笑）。ただ僕は、大人が偉いとも思ってないし、反対に、子どもが偉いとも思ってない。子どもの無垢な純粋性みたいなものをリスペクトしているわけでもなく、素直でも、屈折してても、どれもまぁ普通やしっていうか、そういうことあるよな、というか。そういう面では大人も若い人もみんな同じやし、長く生きてる以外のことで大人が子どもよりまさっているところなんて何もないと思ってる。そういうところが、大人っぽく見えない理由なのかもしれません。

野口　世間一般的には、どうしても年長者が優れていて、若者や子どもは未熟な存在で、だから大人は何かを教えて、正しい道に導いてあげないといけない立場である、みたいなものの見方があると思うのですが、番組で拝見していて、又吉さんは常に一人ひとりをフラットに見て思いを寄せてくださっているように感じました。収録中も、時には温かく寄り添ったり、時には励ましたりと、とても誠実に言葉を紡いでくださっていましたね。

「ただ、声を聴く」ということの難しさ

――40以上の番組が参加した「君の声が聴きたい」プロジェクトにおいて、又吉さんの出演された「スマホ日記」はどのような位置付けだったのでしょうか。

岡本　「若者の声を聴く」というテーマで企画した際に、NHKというメディアとして、「声を聴いて、その先はどうするんだ」と問われる場面が多々ありました。もちろん、子どもたちの悩みの原因に社会的な問題があるとなれば、社会保障的な切り口で解決策を考えたり、若者への支援を充実させる方法を考えたりということも重要になってきます。だけど私は、まずは「ただ、声を聴く」ということがとても大切で、声を聴く場所をつくること

自体が子どもたちの力になり得るのではないか、と思っていました。とはいえ、ただ声を聴くだけの企画は、正直言って番組としてはやや地味なところがある。より多くの方に見ていただくためには、歌やダンスなどの演出で感情を揺さぶる番組や、しっかりと社会問題を扱った問題提起型の番組をつくることも必要だったし、実際にやってみてどれも非常に意味のあることだったとも思っています。ただ、やはりどうしても、キャンペーンの核である「ただ、声を聴く」という番組もつくりたかった。そんななか「スマホ日記」は、NHK仙台局のチームが「ただ声を聴く」というコンセプトに共感してくれて、まっすぐにそれを実現した番組だったんです。紹介された声はすべてリアルな「本当の声」だから、具体的に何をどう解決すればいいかわからない、とくに何かを告発しているわけではない、というようなものも多かった。でも、だからこそどうしようもなく心を掴まれる何かを感じたし、視聴者からたくさんの反響をいただきました。

又吉　「スマホ日記」には、自己演出ではない、本当の声というものが映っていましたよね。一般的に映像作品をつくるとなったら、怒ってるとか、喜んでるとか、シーンごとにどっちかの感情に振り切ってつくることが多いと思うんです。だけど実際の僕らの毎日は、そんな簡単に割り切れるものじゃなくて、いろんな感情が混ざってる。メイクしながら、出かける準備をしながら撮っている映像なんかもありましたが、とくに撮影者が強い感情を表現しているわけじゃないんやけど、なんとなく穏やかではないんかな、というのが伝わってくるというか。そういうリアルさを伝えることのできる番組っていうのは、かなりすごいんじゃないかと思います。つくりもんやと、なかなかあそこまでできないですから。

野口 たしかに、そのバランスはすごく意識しました。「スマホ日記」は合計で１２８本もの動画を寄せていただいたのですが、わかりやすいもの、目立つものばかりを紹介することは避けたくて。ただ苦しいだけでもない、ただ嬉しいだけでもない、その間にある感情っていうものを大切にしたいと思って構成を考えましたから、そう言っていただけて嬉しいです。

気持ちを声にして外に出すことは、自分を肯定する第一歩

――最後に、声を聴かせてくれた多くの若者たちに対して、メッセージをお願いします。

野口 気持ちを声にするということは、その声を人と共有することをきっかけに、何らかの影響が生まれていくことだと思います。「スマホ日記」に関して言えば、番組を見たことで子どもたちのことを今まで以上に考えてくれるようになった大人が増えたり、自分はひとりじゃないんだって感じてくれる子どもが増えたり。日記を綴ってくれた子のなかからも、声を吐き出す場ができたことで心境に変化が生まれた、という声が寄せられています。

だから、声を上げるということに迷いを感じている人もいるかもしれませんが、ぜひ、私たちに声を聴かせていただけたら嬉しいなって思っています。そしてこのプロジェクトを通して、子どもたちの声を聴くことのできる大人も増やしていければと考えています。

又吉　今あなたがもっている「声」っていうのは、絶対に意味のないことじゃないし、他人によってその価値をはかられるようなものでもないと思います。だから、ちゃんと自分の感覚、自分の感情としてそれを大切にしてほしい。もしかしたら何らかの方法によって、自分のなかだけでそれを乗り越えることができたり、違う視点をもつことで悩みを解決できることもあるかもしれないし、それはそれですごくいいことだとは思う。でも、それができなかったからといって、「こんなことで苦しんじゃいけない」とか、「こんな痛みはなかったことにしたほうがいい」というようなことは絶対にない、っていうふうに思います。

岡本　思いを声にすることが難しければ、まずはただ紙に書くだけでもいい。自分のなかに声がある、っていうことを自覚するだけでもいいかもしれない。でも、もしもできるなら、ぜひ、その思いを声にしてほしいです。必ずどこかに聴いてくれる大人はいると思います。だけど、もし見つからなかったら、私でよければ聴かせてほしい。ちゃんと言葉にして、声に出すっていうことは、自分を肯定する一歩になり得るのではないかなと思います。

又吉　気持ちを声にして口に出せないっていうことは、きっと、「こんなことを言ったら周りが困るかな」って気を遣って我慢しているっていう状態なんじゃないかなと思うんです。自分さえ我慢すれば、何事もないように漫然と日々が流れていくんだから……って思ってしまっている人もいるんじゃないかな、って。でも、もしできるなら、そうやって気遣う対象に自分自身も含めてみる、というのはどうでしょうか。相手を思うように自分のことを思えたら、「なんで思っていることを言ったらあかんねん」とか、「もうちょっと自分勝手でもいいやん」っていうふうに思えるようになるかもしれない。「思っていることを口に出していいんだ」という認識をみんなで共有することはとても大切なことだと思います。みんながそういうふうに思えるような環境づくりを、若者に限らず、僕たちみんなでやっていけばいいんじゃないかな、と思いますね。

又吉直樹
またよし・なおき

1980年、大阪生まれのお笑い芸人・作家。吉本興業所属のお笑いコンビ「ピース」として活動中。2015年、『火花』で芥川賞を受賞。他にも小説、エッセイなど著書多数。毎週月曜日、NHKラジオにて「又吉・児玉・向井のあとは寝るだけの時間」を放送中。

岡本朋子
おかもと・ともこ

1995年NHK入局。2021年よりプロジェクトセンターに所属し、チーフ・プロデューサーとして「君の声が聴きたい」プロジェクト、「NHKスペシャル」の企画制作に携わる。

野口紗代
のぐち・さよ

記者を経て、2020年にNHK仙台拠点放送局入局。ディレクターとして「スマホ日記 きょうの“もやもや”」を企画。担当番組に「NHKスペシャル」「ハートネットTV」など。

おわりに

ＮＨＫの「君の声が聴きたい」プロジェクトは、子どもの問題に関心をもつ一部の職員が集まったことがもとになっていますが、今はより広い範囲に浸透しつつあるように思います。当初は「若い世代の精神的幸福度を改善するために大人にできることを考える」というテーマが重要視されていましたが、プロジェクトが進むにつれ、「子どもの声を聴く」という行為それ自体の大切さに共感が集まっていることを感じています。

「はじめに」でも述べましたが、番組を通して痛感したのは、「今の社会には子どもたちの声を聴く場所が圧倒的に足りない」ということでした。学校での人間関係や不登校など、子どもたちはさまざまな悩みを抱えていますが、取材を進めながら、もしも子どもたちのそばにいる保護者や先生たちがしっかりと彼らの声を聴いていれば、ここまで問題が深刻化せずに済んだのではないだろうか、と感じるケースも多々ありました。

子どもたちの抱える問題の原因が社会の側にあるのならば、もちろん私たちは社会のあり方を変えていく努力をしなくてはいけません。ですが社会の仕組みを変えるためにはどうしても時間がかかります。その前の段階として私たち大人が今すぐできることが、目の前にいる子どもたちの「声を聴く」ことです。自分の声を聴いてくれる大人がいる。受け止めてくれる大人がいる。子どもにそう思ってもらうことは、大人が子どもと信頼関係を築く上での大切な最初の一歩になるのではないかと思うのです。

　プロジェクトの初回に寄せられた声で一番多かったのは、「お金がほしい」という悩みでした。でもそれは、豪邸に住みたいとか、高級車に乗りたいという理由ではなく、「ただ、お金の心配をせず安心して暮らしたい」という切実な思いからくるものでした。

　「自分がなりたいと思える大人が周りにいないから、未来に希望がもてない」という声や、「夢はあるけれど、絶対に否定されるから、親にそれを打ち明けられない」という声は、私たち大人が子どもにとって信頼に値すべき存在になっていない現状を端的に表していました。また、「どうか、まずは大人が幸せになってください」という声もありました。大人が生きづらい国は子どもも生きづらいのだと彼らが考えていることがよく伝わる内容で、私たち大人がどう生きていくべきかを問われる結果となりました。コロナについての声も大変多く、コロナ禍の数年間が子どもたちから奪ったものの大きさは筆舌につくしがたいものがありました。今からでも、失われた青春時代を追体験できるような何らかの措置が必要なのではないかと切実に感じています。

子どもたちが考えているのは、自分の身の回りの出来事だけではありません。大人が責任をもつべき戦争や政治の問題について、どれだけ真剣に考え、悩み、心を痛めているかということが、この本を読んでくださった方には伝わったと思います。

本プロジェクトで個人的に印象に残っているエピソードがあります。内村光良さんが出演されている「LIFE!」というコント番組で、「こども川柳」という企画がありました。全国の小中学生から募集した川柳を番組のなかで紹介したり、コント仕立てにして発表したりするというものだったのですが、川柳を採用された不登校の子が、この番組がきっかけで学校に行けるようになったということを、後日取材スタッフから聞いたのです。自分の川柳が採用されたことが自信になったのかどうか、本人に聞いたわけではありません。その子が不登校になった理由はわかりませんし、根本的な解決には至っていないのかもしれません。けれど、自分の声が誰かにちゃんと届いたと思えることは、それぐらい人を勇気づけることのできるものなのだ……と実感できた出来事でした。

たくさんの子どもたちが、番組を信頼して切実な声を届けてくれた。それはとてもすごいことだと思いますし、私たちにはその声に応えていく責任があると感じています。その自覚をもって、これからもこのプロジェクトを前に進めていきたいと思っています。

この本を通して子どもたちの声を受け取ってくださった大人の方へ。

最後まで読んでくださりありがとうございます。貴重な時間を使って子どもたちの声を聴いてみようと思ってくださる方がいることは、子どもたちにとっての希望です。どんな子どもも、心のなかには必ず何かしらの「声」をもっています。家ではぼんやりしている子も、学校ではすごく気を使っているかもしれないし、学校ではやんちゃな子も、家ではつらい思いを抱えているのかもしれません。この本が、子どもたちが胸に秘めた声を想像するきっかけになれば嬉しいです。

そして、みなさま一人ひとりが、今目の前にいる子どもの声を聴く存在になってくださったなら、こんなに嬉しいことはありません。

NHK「君の声が聴きたい」チーフプロデューサー　岡本朋子

「君の声が聴きたい」プロジェクトチーフプロデューサー
岡本朋子

「スマホ日記 きょうの“もやもや”」ディレクター
野口紗代

デザイン　佐々木志帆
写真　小嶋晋介
校正　谷田和夫
取材・編集協力　小宮山さくら
企画　森田剛（双葉社）
企画・編集　谷水輝久（双葉社）

君《きみ》の声《こえ》が聴《き》きたい

2024年4月20日　第1刷発行

著　者　NHK《エヌエイチケイ》「君《きみ》の声《こえ》が聴《き》きたい」プロジェクト
発行者　島野浩二
発行所　株式会社双葉社
〒162-8540
東京都新宿区東五軒町3番28号
☎（03）5261-4818（営業）　☎（03）5261-4869（編集）
http://www.futabasha.co.jp/
（双葉社の書籍・コミック・ムックがご購入いただけます）
印刷・製本所　中央精版印刷株式会社

ISBN978-4-575-31874-6 C0076